楊晴翔 律師——著

家事法官沒告訴你的事

親緣，以愛為名的試煉

—推薦序—

家事法律外，珍惜結緣

郭振恭
（中原大學法學院名譽教授）

拜讀晴翔律師所著《家事法官沒告訴你的事》一書初稿，深覺其可讀性甚高，殊值推薦。

本書中有二十四個家事事件之案例，乃晴翔擔任法官及執業律師生涯中受所處理案件之啟發或社會新聞改寫而來，以淺顯易懂之文字，生動敘述其紛爭發生之經過，並說明法院之裁判及法律解決紛爭之依據，理性與感性兼具，既專業又貼近大眾，實為一本好書。

晴翔律師就讀臺大法律學系時，曾修習余所授之民法親屬、繼承課程，成績非常優秀，畢業後又繼續進修，先後獲得中原大學法學碩士及美國哥倫比亞大學法學院法學碩士；於大學畢業後即司法官考試及格，於桃園地方法院擔任法官，辦理民事、刑事及家事事件之審判，有十年之資歷；再轉任律師，並在中原大學兼授法律課程。其法學素養及實務經驗豐富，執筆本書，其法律見解精確，足供參考及資為依據。

本書已包括家事事件之重要內容，自結婚、離婚、收養、父母子女、親權、家庭暴力防治之保護令、繼承順序、遺囑，至應繼分與特留分等問題，均以生活化之方式，予以呈現，以法律解決其紛爭之方法，亦詳為解說。本書深具實用性，讀完全書，當可充分瞭解家事事件發生之原因、紛爭之經過及解決方法，法院扮演之角色及立場，亦可認知。

依余曾擔任家事事件調解及審判之經驗，避免紛爭之發生為上策，當事人於家事法律之瞭解外，珍惜結緣成為配偶、親子、親屬，相互關懷，情緒控管，口不出惡言，尤為重要。晴翔律師於本書，對家事紛爭之解決，除法律外，並強調愛與責任，殊可贊同。

晴翔律師於工作繁忙之際，付出寶貴時間，將其多年來處理家事事件之經驗，撰寫成書，其對家事紛爭之解決或預防，當有所貢獻。為此特予推薦。

—推薦序—

穿破「法不入家門」的迷思

林春元
（中原大學財經法律學系副教授兼執行長）

婚姻與家庭的法律議題，近年來隨著婚姻平權的推動，得到前所未有的廣泛討論，個別的家庭關係也因為網路與媒體的窺視，屢屢成為公共議題。

過程中，諸多的討論反映了許多人對於法律的誤解，更有許多直接挑戰法律管制家庭的根本議題，以及對於家庭的不同想像。在台灣，家庭的社會與法律制度正經歷被解構、轉型與重新建構的關鍵時刻，需要我們好好面對、思考法律與家庭關係。

可惜的是，在台灣談家庭婚姻的人，重視關係的維護與道德倫理歸訓，而往往低估、漠視法律的作用；法律界本身也未賦予家事法足夠的重視，視之為邊緣領域。於是，儘管管制家庭的法律有增無減，台灣社會與法律界某種程度持續為「法不入家門」的傳統觀念背書，認為幽微複雜的家庭關係，是強調正義與個人權利的法律不應觸及的領域，也使得我們很少仔細思考家事相關的各種法律，如何面對複雜又各異的關係。關於家庭的各種立法規範有道理嗎？法官如何在不同關係中解釋適用相關法律？法律是挽救關係、矯正私領域的不正義，還是自以為是的正義卻帶來更多負面衝擊？

近幾年的社會發展重及傳統的婚姻家庭觀念，所帶動的法律變革與議題發展不但穿破「法不入家門」的迷思，更催生了台灣當代對於家庭與婚姻制度的兩個主要轉型趨勢：性別平等的追求與基本權利的保障。

台灣民主化之後帶動性別平等意識與運動，尤其透過司法院大法官的解釋，宣告許多過去民法「男尊女卑」的規範違憲，帶動了一連串民法的修正，使得男女、夫妻、父母逐漸在法律上取得平等地位。

此外，基本權的保障逐漸被確認可以穿透「家務事」的屏障，使個人在家庭內也可以免於恐懼與身心傷害。包括家庭暴力防治法以及民法親屬編以「子女最佳利益」為名延伸的各種立法，都嘗試在私領域與基本權保障取得平衡，使家庭內的未成年人與弱勢者可以得到法律最低程度的保障。然而，儘管立法趨勢嘗試矯正過去刻板印象與父權體制的不正義，真實的生活卻未必如此。本書的許多案例顯示，形式上平等的法律未必等同於現實上的正義，父權與刻板角色定位仍持續造成私領域的壓迫與不正義，也帶來許多衝突。

透過真實人生故事，《家事法官沒告訴你的事》深入淺出地介紹家事法的基本議題，也藉此反映了法律如何來回穿梭在不同關係想像與現實。當台灣正在經歷「家庭法律時刻」，這本書適時推出，有助於一般大眾一窺法律與家庭的動態關係，也讓我們可以藉此深入探討思考家庭轉型與解構的議題。

未來家事法制，除了持續努力維持性別平等與權利保障之外，可能還必須持續挑戰根植在父權權力結構中的婚姻與家庭制度，挑戰的不只是男女刻板印象以及教養與未成年人自主權間的平衡，可能更包括了婚姻家庭觀念本身以及可能的多元想像。

推薦序一

家是什麼?

人渣文本(周偉航)
(專欄作家)

筆者為倫理學研究者。講到倫理,這詞面會讓許多人想到「倫常」、「人倫」,也就是聯想到這是個和「家庭」相關的主題。但在當代倫理學的視域中,家庭雖然重要,卻不過是追求人生幸福的諸多可行的手段「之一」。沒有家庭,還是有可能追求屬於自己的幸福人生。

但我也知道,許多人認為一個「健全」、「美滿」、「完整」的家庭,是達成人生目的之必須要素。你來自一個不完整的家,就會是個不完整的人。這想法很霸道,沒有「成家」的人會被看做是失敗的;來自破碎家庭的小孩,則是「有缺陷」的。為了維護家庭而犧牲人生的其他面向,更是理所當然。

這種對於「家」的偏執,不只困擾著倫理學家,我相信也困擾所有法界人士:從司法官到律師，以至於無數的「公道伯」、調解委員，國家耗費了龐大資源在家事相關案件上，只為了滿足對於「家」的偏執想像。

為了「護家」而投入一切，當然可以是個人的選擇，卻非社會的標準答案。就當代倫理學的看法，可做為人生目的之價值選擇甚多，其安排有「高低」「先後」之別，組成一個類似金字塔的「目的階層」。我們應該釐清自身目的階層之實質內容為何，依此安排行為的順序，並思考達成目的之最適手段應為何。家只是手段之一，也可以做為中間的階段性目的（即達成高一階目的之手段），但卻不一定要放在最高最後的那一層。

這本《家事法官沒告訴你的事》裡所提到的許多個案，衝突背後的價值緣由，就在於兩造當事人各自的「目的階層」中，「家」所屬的層級並不相同。有些人的「家」是終極目的，有些人的「家」是可以捨棄的中間階段，有些人的「家」更只是弄錢的手段。一家各表，裝成表面有共識的共識，就像「裝睡的人叫不醒」，是不會有解的。

作者楊律師是我大學時期的社團學弟，當年想法即精準、犀利，然而多了這些年的法庭折衝經驗，也讓其洞見更加溫潤，能拉近生硬法條與現實人情之間的距離。若從楊律師對家事法的見解開始，或許更能啟發讀者關於家的想像空間。

—各界推薦—

對於長期與家事當事人工作的我來說，二〇一八年在書店陳列架上看見楊晴翔律師所著的《家事法官沒告訴你的事》，先是書本標題吸引了我，再翻閱了內容，決定立馬買回家細讀，後續我也將本書做為我們機構社工讀書會的教材。此次欣見本書增訂版納入近期相關修法，內容更為豐富與易讀。

本書非常適合非法律人的社工師與心理師，可以透過本書了解家事事件法要點及目前家事法庭如何應用多重資源統合處理家庭紛爭，亦適合想透過司法解決家庭紛爭或已在家事法庭的當事人參考，如楊律師於書中提供的調解心法、說明離婚時涉及的贍養費、生活扶養費與夫妻剩餘財產分配的請求與差異等等實用知識。極力推薦這本含金量高的書。

林秋芬（心理師、社工師、家事調解委員）

楊律師是我認識多年的好友，雖然我對家事法規並不熟稔，但楊律師擇善固執的性格我卻熟知，同時又多才多藝。我相信本書一定可以給需要的人很大的幫助。

施景中（台大婦產科醫師）

家事法律事件，情理法糾纏的程度，比起宇宙的天體運行，還要複雜一百萬倍！晴翔能在此間，理性分析脈絡，解決當事人的困境，靠的不僅是法律的思維，還有更多是人性的溫暖與體貼。法律不外乎人性，能平衡地掌握這之間的微妙點，晴翔告訴我們的是：以愛為基礎，相互尊重為底線，各自活出豐富無悔的人生。家庭，既然以幸福為目的，無論出發或結束，都應該圓滿，平安靜好，無悔無怨。

晴翔對法律的忠實履踐，傳達給讀者的心意，每一篇都是值得一讀再讀的好文章。法律普及教育，法律遍及生活，都是法律人對這個社會最誠懇的回饋。晴翔，繼續加油，用文字傳遞幸福，我們一起努力。

張瑜鳳（臺北地院法官・《章魚法官來說法》作者）

法律不保護好人也不保護壞人，而是保護懂得法律的人；閱讀本書會讓您懂得法律而受到保護。本書從出生時的親子關係到死亡後的繼承問題無所不包，增訂版更加入：同性婚與異性婚的比較、贍養費的修法方向、新制定的跟蹤騷擾防制法、以及如何選擇適合的專業家事律師。本書以可能發生在你我身邊的故事作為例子，並佐以專業的法律見解，卻不使用艱澀的法律用語，即使不懂法律的人也能輕鬆入門，而對於專業的法律人士，也能藉由本書了解法庭的實務做法，是一本兼具實用性與可讀性的好書。它可以做為家庭中的家事法律辭典，遇到家事法律問題可以從中獲得答案，值得收藏。

鄧學仁（中央警察大學法律系教授、台灣家事法學會理事長）

不是每一段婚姻都有著美好的結局，王子和公主不見得都跟童話裡一樣，從此過著幸福快樂的生活。當婚姻走到了盡頭，如何心平氣和地終結關係，並確保未成年子女的利益是家事事件中最困難的課題。楊律師以豐富的法院及律師實務經驗撰寫本書，揭露了《家事法官沒告訴你的事》，對於處在生命中十字路口的王子和公主具有相當的參考價值。本人非常榮幸有這個機會為之推薦！當緊握在手心的暖暖包失去溫度時，如何學會放下，這本書將會帶給你來自真實人生案例的啟發！

蔡鐘慶（中原大學財經法律學系助理教授）

熱愛生命的晴翔，是文青、是音樂人，當然，也是一位優秀的大律師。維持著一貫對生命的熱情、正直與良善的心，晴翔的這本著作，必定能清楚傳達給讀者，在破裂的關係之中尋求一道曙光的機會。如同書中所言：即使遭遇情理法衝突的無奈，終能獲得最圓滿的成長與救贖。衷心推薦給各位讀者。

黃鈞蔚（鈺璽診所院長）

從事身分法領域的教書工作多年，《家事法官沒告訴你的事》一書牽起我與作者的緣分，邀來從事實務工作的作者在課堂中與學生們親身論法、講理與說情，還原書本中的內容，將法庭中剪不斷理還亂的家事紛爭生動活潑地呈現，以及家事法官如何抽絲剝繭，協助當事人重新恢復日常生活的秩序，讓學生們在枯燥的法條背後發現其蘊藏的功用，激發學生們對家事法領域的興趣。書中將各個重要身分法議題分為五卷，除以案例串連之外，並能深入淺出地帶出相關法律內容，足見作者常年在家事實務上所累積的專業能力。盼以此書讓身陷家事紛爭的人們皆能善用法律，並找回失去的幸福。

戴瑀如（政治大學法學院教授）

作者序

在法官生涯中，我待過刑事庭，也待過民事庭。在家事庭的時間不是最長，但只有家事庭的某些案子，會讓我在多年後偶然想起；也只有家事庭裡的案子，往往讓當年還是法官的自己，開庭時能得到當事人立即的、直接的回饋與感謝。

在當家事法官時，因為案件太多，每件案件如果都要依照當事人所有的主張跟證據來寫判決，實在無法負荷，不學著法官前輩們勸諭和解，實在無法消化如雪片般飛來的新案。而我學到勸諭和解很重要的一門功課，就是在「摸透糾紛的成因，透析當事人一紙聲明背後真正在乎的原委」，才有機會勸雙方各退一步和解，一旦勸成，兩造原本吵吵鬧鬧進來開庭，開完後卻鬆一口氣地同聲感謝法官並走出法庭，便是當法官時最大的滿足與成就感。

二〇一五年五月，已經轉任律師的我，在臉書上開了一個專頁，名稱就跟這本書的書名一樣「家事法官沒告訴你的事」。最早，我是想寫一本書，聊聊家事案件給我的種種感想，卻又不知怎麼開始，才開啟了這個專頁。可以說，沒有寫這本書的計畫，就不會有這個專頁。

專頁寫著寫著，追蹤人數開始增加，朋友也幫我分享，在網路上也獲得一些迴響。我發現家事事件不管在法律圈內人，或是一般人眼中，都屬於棘手且容易帶有情緒、不好處理的一塊，而大家也很喜歡窺看婚姻、親子這些跟你我生活經驗距離不是很遠的故事，彷彿在省思法律問題的同時，對人性的認知也更深刻一點。

因此，希望讓人們站在乍看高深莫測的法律巨塔前，能發現有個由貼近人生的故事砌成的入口。也期望這本書的問世，能在家事法律與一般人之間，搭建一座橋樑，幫助瞭解家事法律，也映照自己的人生。

一增訂版 作者序一

不知不覺，《家事法官沒告訴你的事》已經出版五年多了。這本書像是一個媒介，讓我有機會跟更多的同道、諮商心理師、社工團體、法院家事服務中心、公民法律老師、家長團體，還有讀者們產生廣泛交流，這也促使我寫下第二本書《關係破繭》，述說了在本書中還沒說完的一些深刻故事，並結合在執業經驗當中所體悟到、關於婚姻親子關係處理的重點。

《家事法官沒告訴你的事》一書出版以來，有些讀者寫信告訴我，他們從這本書中找到了信心，在面對關卡時重新調整了自己的心情，也對即將面臨的挑戰更有勇氣；也曾經在擔任調解委員時，有一方律師在其他人離席之後特意留下來跟我說：「楊律師，不知道你還有沒有再寫新書的計畫？」他表示，這本書對他在處理家事案件上面很有幫助，也希望我能繼續寫下去。這些反饋讓我深受鼓舞，感覺多少不負初衷了。

五年了，在本書的庫存即將告罄、終於在各通路真的絕版之後，我聽聞友人轉述書中內容還在不同的場合裡被幾位尊敬的先進點名引用，深感榮幸；而在時不時想推薦當事人關於家事法或實務方面的參考資料時，想到此書已經絕版，感到甚為可惜。

因此，我向出版社提議，希望這一本在法律類書籍中，少有的針對家事事件——從生老病死、從結婚到親子到遺產——撰寫的專書，能在我們的書店、圖書館裡、大家的書架上，更長久地延續它的生命，非常感謝悅知文化也有同感，於是開啟了增訂版的計畫。

這幾年以來還是有不少的法律更動，所以這次新版增加了與各主題密切相關的立法介紹，包括：夫妻剩餘財產分配數額調整的修法、贍養費的修法展望、釋字七四八號施行法同性婚姻法、民法結婚與成年年齡的修正、跟蹤騷擾防制法的新法介紹，以及時事事件的法律分析。

時過境遷，在修訂過去文字的時候，我也逐篇逐字就內容做了許多更貼近於目前法律及實務運作的更新，同時增加個人在律師崗位上更多對於法官工作、調解制度的想法。此外，許多篇章改版時利用更清晰的圖表幫助讀者理解與對照。還透過編輯的角度，提出一般人常問的問題，由我來簡單解答，增加了原版沒有的「律師問答室」單元。

最後，由於許多當事人都會想知道如何找到適合的家事律師，不論是透過親友介紹或網路搜尋，面對茫茫資訊，時常不知選擇標準與途徑為何。因此，我在本書附錄中特別從程序上的必要性跟大家分析各個時間點請律師是否必要，也向大家介紹律師在程序上的角色與作用，並提供個人觀點，建議當事人如何選擇家事律師，更進一步再談，選定合作的律師後，怎麼跟律師好好配合。希望這一篇非常實用的章節，能給大家帶來幫助。

接下來，請翻開本書，希望我在這本書的介紹，能幫助您對自己密切相關的人生法律問題有所解惑，也希望看過原版的讀者，能在增訂版中補捉到更多關於家事法律的脈動。

楊晴翔

推薦序

序章　論法、講理、說情，法律人處理家事的愛恨情仇

卷一 婚姻．終點：曾經執子之手，不能與子偕老

卷二 親子・連結：血緣，是愛的維繫還是羈絆？

卷三 保護令．停損：安全關係的距離，誰來定？

卷四 收養・給愛：養育，是恩情還是救贖？

卷五 繼承・權與錢：我只是拿回應拿的，不對嗎？

一序章一

論法、講理、說情，法律人處理家事的愛恨情仇

「家事法」在法律與人生之間的座標

一個人一輩子毫無法律問題需要解決的機率有多高？

這個問題好像還沒有「英國研究」可以參考，但我認為機率應該極低。說穿了，法律所管的東西可謂「from cradle to grave」（從襁褓到墓裡），生老病死，從出生時推定誰是父親，到死亡時遺產如何分配，都是法律所管得到的事。其中，一般人遇到家事法律問題的機會，可能又比其他法律問題來得高。

也許很多人已經知道，法律裡大抵有個「公法」（刑事法、行政法等）、「私法」（民事、商事等）的分類。公法是在處理國家高權對人民的法律關係；私法則是處理人民跟人

民之間或牽涉到私權的紛爭。而「家事法」，是指處理家事事件的法律，既是處理私權的法律，則是屬於私法性質。

那麼，「家事事件」包含哪些？

從二〇一二年六月一日起開始施行的台灣「家事事件法」第三條所規範，至少包括關於婚姻、親子、繼承、收養、未成年人監護、親屬間扶養、失蹤人財產管理、宣告死亡、監護宣告、輔助宣告、兒童少年或身心障礙者保護安置、嚴重精神病人聲請停止緊急安置或強制住院等事件。另外，還有家庭暴力防治法的保護令事件也屬家事事件的範圍（如果違反保護令，則是屬於「刑事案件」，會經由檢察官偵查辦理）。

「家事法」有什麼特別的地方？

打個比方，跟商業上往來的對象因債務糾紛上法庭，雙方都應該是各憑證據說話、據理力爭；但如果法庭對面坐著的是曾經相愛的對象，或是至親、父母、手足，還能一樣「據理力爭」？爭得又只是「理」嗎？「情」的成分是否更高？

曾經約好要攜手共度人生的伴侶或曾經天倫和樂的家人，會鬧上法庭，有時癥結不在證據或法律爭議，而是源自於彼此間長久以來的小爭執。從一開始欠缺溝通或溝通缺乏技巧，演變成冷漠、怨懟，乃至更深的誤會，最終累積成強烈的對立及不信任，甚至比商業糾紛的對手還要痛恨彼此。

商場上，或許因為商譽的無形羈絆，面對法院確定的判決，往往比較願意或甘心配合執行。但家事事件的當事人，一旦法院作出影響自己情感聯繫至深的判決，例如：子女監護權、保護令或遺產分配；若法院不協助當事人瞭解真正問題所在，沒有解開當事人的心結，常會變成敗訴的一方不願或干擾他方依裁判結果執行，甚至衍生其他官司。

因此，家事事件法中設計了許多和一般民事事件不同的制度，企圖緩和當事人的情緒，或調和爭議解決的尖銳對立。

例如：專業法官跟調解委員的要求、程序不公開、擴大社工陪同、遠距視訊審理、專業的程序監理人協助評估報告、家事調查官、擴大合併審理的事件範圍、暫時處分、履行勸告等，**讓法院可以結合並運用社會工作、心理諮商、精神醫學、調解等不同領域的專業資源來協助當事人，以求妥適、統合弭平家庭糾紛，避免紛爭再起，也保護當事人人格尊**

嚴、性別平等、未成年子女和老弱族群的利益。

而家事事件的第一審審理，也必須在各地方法院的家事法庭專責處理。

家事法官是什麼樣的人種？

如果你每週的工作有固定幾個半天，是要面對許多一看到對方就神經緊繃、情緒潰堤的伴侶、兄弟姊妹、父母子女在法庭上互相咆哮、指責，我想，很多人對這份工作的第一印象，就只有敬意了吧？

據我的實務經驗，家人爭執起來，有時比商場上，更不留情面。開一般民事事件的庭時，當事人也許都還能秉持著「你說完，我再說」的法庭秩序，而家事庭中，往往對方還沒講幾句，另一方就氣急攻心地插話反駁，別說什麼尊重發言順序了，有時連法官拿法槌敲桌制止也無效。有時甚至連律師代理人也入戲了，理當跟法官同樣理性的在野法曹們，也加入戰局。

你是否偶爾看過，走出法庭的是汗流浹背、臉上掛滿不知是汗還是淚的律師？沒錯，這就是家事法官的工作日常。

這個工作的背後還有更繁瑣的細節。在 LINE 跟 Facebook 等社群通訊軟體蓬勃發展的狀況下，有時還沒開庭，兩方的證據與書狀就已經堆積如山，再加上開庭時的激辯，家事法官下庭還得把這些爭執內容，整理出雙方的說詞、證據（有時候根本沒有證據，盡是些互翻舊帳的東西），再想辦法生出一個個判決或裁定。據我所知，目前幾個法院家事法官手上的未結案件數，動輒超過兩百件。

家事糾紛有時沒證據怎麼辦？看情理。有些時候夫妻之間互相指控的生活習性，看到對方在庭上，會心虛不敢否認，直接招供。但大部分，都只能靠家事法官好好運用他們對人情事故的瞭解，以及對人性的判讀功力。

在我擔任家事法官的經驗中，曾經天人交戰的案例，多半都是跟未成年子女的親權決定有關。

曾經，有對夫妻離婚，兩個孩子一個跟爸爸，一個跟媽媽。久了，跟媽媽的這個每次前往爸爸那邊同住時（法律用語就是「會面交往」），總是捨不得結束與哥哥相處的歡樂時光，於是真心向爸爸表達希望能跟哥哥同住的意願，但是媽媽又捨不得與弟弟分開，無法同意前夫提出把弟弟改定親權的要求。

此時，法官正是陷入對「手足共處」與「母子陪伴」的價值觀拔河的困境。法官最後怎麼判，不是重點，只是判完後，雙方都沒有再提出抗告。我很清楚知道這不是因為自己判得好、讓兩邊心服口服，只是因為沒人希望這樣殘酷的審判再折磨這對小兄弟。

家事法官的難為之處

律師工作從無到有，形塑案件、選擇立場，接案那一刻就決定了。但法官困難處在於，也許兩造都沒有錯，但還是要做出決定。天人交戰的愁苦，如果不是合議案件（即三個法官組成合議庭），而是獨任案件（即一個法官單獨審理），更是無人可分擔。

為了一個困難的決定，輾轉難眠或下了班還掛心著，一定是許多法官的共同經驗，家事法官更不會少有。

家事法官的每週固定工作，除了上述之外，還有許多因年老、病痛、生理因素，需要保護他們的財產，而必須監護宣告（即過去的「禁治產宣告」）、輔助宣告的人，在醫院、在家裡臥床著，都等待家事法官搭著交通車一一前往評估。幅員廣大的地區如桃園復興鄉的山區，或花蓮、高雄等地，可能南北來回就耗掉一天。人口老化跟長期照護問題浮現的同時，家事法官出差鑑定的工作只可能更多，不會減少。不過，家事事件法在一〇八年四月二十五日修正公布第一六七條，明定受監護宣告人之精神或心智狀況若「有事實足認無訊問必要者，不在此限」。這條的修正，讓法官可以不用針對明顯已經沒有辦法為意思表示的當事人進行訊問，也大大減少了家事法官奔波外地鑑定的辛苦。

因為工作實在太過繁重，所費心力更是難以想像，家事法庭在法官內部調動志願上，始終不是首選，很多民事流的法官甚至避之惟恐不及。而在三年的輪辦期結束後，真能立志選「家事」為專業，並取得專業證書的法官，少之又少。更何況，目前台灣第二審（高等法院）並沒有設置專門的家事法庭，而選了家事做為辦案專業領域的法官，也有可能讓自己「榮升」高等法院的機會減少。

不過，據個人經驗與觀察，台灣也有許多法官，在進入家事法庭工作後，發現這是一個可以扭轉法院「被動」與「冷酷」印象的地方。許多案件，在法官發揮熱忱、積極介入調查、勸諭雙方退讓下，可以為當事人的人生注入一絲希望。

我也有耳聞近來家事法庭的法官有許多人即便已經可以調動，仍然選擇久任，這些法官的使命感及熱忱讓人感動。而我曾經在刑事庭、民事庭、簡易庭跟家事法庭輪辦過，時常覺得在家事法庭，法官所獲得當事人的感激，比民事庭、刑事庭都來得直接而深刻。

從律師席回望司法官

如今轉換跑道，成為執業律師，有機會看到其他法院法官開庭的情狀。

我曾經在家事法庭裡，看過法袍的兩袖襤褸，佛心勸諭當事人放下、和解，為孩子好，開庭開過中午沒空吃飯的認真法官；也看過一到庭就威逼當事人和解、好幾庭後才願意認真審案的法官。我聽過自掏腰包協助清貧當事人的法官、檢察官；也碰過開好幾庭大剌剌告訴律師他不會看卷的法官。

有些面惡心善，其實隱藏著他對當事人的同情與解決紛爭的心意。有些卻不明究裡，家事法庭裡看的應該是未來，卻頻頻要讓當事人回頭面對過去的瘡疤。

法官與檢察官也是人；百百種的人，演變出千萬種不同的司法官群像。經年累月處理案件所帶來的僵化成見，或是因績效考慮勝過對案件內容的探求，都很容易會打擊司法官曾有過的熱血沸騰與信念堅持，以至於當律師看到年輕的司法官，不怎麼擔心會有出人意表的「演出」；但碰到若干資深的司法官，卻需要好好提點當事人，這位法官比較「特別」一點。

我也想過，如果有幸再重執法槌，我，會成為怎樣的一個司法官呢？

是否能夠戰戰兢兢，重新珍惜手上所握有的權力？

是否能穿透表面訴求，挖掘出事件的本質？

是否能好好整合有心一起幫助社會、幫助家庭的周邊單位，在自己的職位上做出貢獻？

無論在什麼位置，既然被授予如此難得的使命與權柄，尊重自己的職務專業，對得起自己的使命，應當是最基本的小事。之後，還應該有更多的聆聽、同理、合作及包容。

很多律師同道的經驗是：能不能碰上佛心法官，就看當事人上輩子有沒有燒好香。人民的幸福不該取決於每個家事法官都鞠躬盡瘁，以現行的司法資源跟人力分配上，家事法庭顯然不足，這樣要求只可能多幾個法官過勞死的例子。案件積壓的壓力，不僅會讓裁判品質下降，以及一次性解決糾紛的美意落空，也可能讓有能力、有熱忱的法官自動鞠躬下台，造成劣幣驅逐良幣的局面。

司法改革一直是政黨執政上台後不斷被提起的國家改革方案，無非是希望提昇人民對司法的信任，但首要之務應該是給予家事法庭人力上的補給與專業資源的配套，讓家事法官審理案件的品質跟速度得以同時提升。

要使婚姻長久，就需克服自我中心意識。

——喬治・戈登・拜倫

To make a lasting marriage we have to overcome self-centeredness.（George Gordon Byron）

卷一

婚姻・終點

曾經執子之手，不能與子偕老

喜宴

我可以只告在場這位陳志明先生，請法院判婚姻無效就好嗎？

【婚姻的要件與無效】

「被告，你聽完原告跟證人說的話，有什麼意見？」法官問。

「沒有什麼意見啊！就覺得很莫名其妙，完全不關我的事，而且法院傳票寄到我家，案由寫著確認婚姻無效，我女朋友看到都快氣炸了。」被告說。

某法官休息室內——

法官Ａ：「我今天碰到一件超～離奇的案件。」

法官Ｂ好奇地探頭問：「喔？怎麼離奇？說來聽聽。」

「一件『確認婚姻無效』的案件。原告是一位女性，十四年前跟某男，也就是被告，曾請親友吃喜酒，婚禮上也寫了結婚書約，但就是沒有去辦理戶籍登記，所以身分證上配偶欄一直沒有註記。」

「十四年前，那不就是九十七年五月二十三日新法實施以前嗎？那時候還是儀式婚就有效啊！有公開宴客婚姻就有效了，有什麼問題嗎？」

「開庭時兩造都到了，我們開庭時不是都先點呼兩造，核對身分資料嗎？原告，誰誰誰，到。被告，我假設用『陳志明』（按：本文使用假名）代替好了，被告陳志明，也到。」

「是是是，兩造都到了。接下來就問原告訴之聲明為何，請求什麼事項。然後再問被告答辯聲明，希望法院怎麼判，然後呢？」法官Ｂ快失去耐性了。

「我問被告陳志明先生有何答辯的時候，你猜他說什麼？」

「抵死不從？『原告之訴駁回』嗎？」

「不是，他說：『我根本不認識她。』」

「咦？」

法官A繼續往下說：「我當場也呆住了。再問被告：『你不是陳志明嗎？就是住在XX市XX區XX路X巷X號的陳志明？』被告答：『我是啊。』」

法官B急著插話：「他怎麼會不認識原告？他們不是結婚十幾年了？」

「我也跟你有一樣的疑問。」

回到開庭現場：十四年前，誰結的婚？

法官轉頭問原告：「妳呢？認識他嗎？」

原告竟回答：「我也不認識他。」

「啊？他不就是妳要告的那個『陳志明』嗎？」法官隱藏起吃驚的情緒，指著坐在被告席上、戴著眼鏡的斯文男子問。

「嗯……說是也不是，跟我結婚的那個人，不是他，但姓名、身分證字號與地址是對的。跟我結婚那個人，比較高，也壯多了。」

「這是怎麼回事？」法官問。

原告娓娓道來：「十四年前，我先生跟我結婚宴客，簽結婚證書時，拿出一張好像國小時期大頭照的身分證，都已經泛黃了。本來問他要不要去戶政事務所辦理登記，但問了一兩次，他都說剛好有事，加上我當時工作也忙，後來就忘了，一直沒有辦理。

一年前，我們兩個因為生活上的事情大吵一架，他離家後就再也沒有消息，我也去他身分證登記的地址找過、問過，也就是現在這位陳先生的家，才知道他可能是冒用了陳先生的名字。

過了一年都沒有等到他回來，我想說兩個人只有請吃喜酒，沒有辦登記，覺得這段婚姻應該是無效的。這樣的狀態有點困擾我，所以今天才來提告。」

法官回頭問被告：「你以前掉過身分證嗎？」

在庭的這位陳志明答：「有，記得好像是國一還是國二的時候掉過一次。當時那張身分證，確實是用國小的照片。」

明明不是我，還是收到了法院傳票

原告接著說：「當時結婚，雙方都有請親友來喝喜酒，但是他說他父親很早就過世，媽媽改嫁沒有聯絡，所以親人都沒來，來的都是近幾年我們的共同朋友，大家也一直叫他『志明』。法官，我今天也有請我表弟來作證，當時他有參加我們的喜宴。」

由於事情發展實在太不尋常，法官當場請原告的表弟進來，具結作證。

表弟果然說在場的這位「陳志明」，不是與他表姊結婚的那位「陳志明」。表姊夫「陳志明」身材比較壯碩，而且這麼多年來，所有親友都以為他就叫「陳志明」。

法官再問原告：「聽起來像是他盜用別人的身分證，跟妳結婚，也生活了十幾年。可是，這個人難道沒有別的狀況會讓他的假身分曝光？都不用拿健保卡看醫生嗎？」

「因為我家親戚是開藥房的，他也很壯碩，沒生過幾次病，偶爾感冒發燒就跟親戚拿藥吃，也不太需要用到健保卡。」

「還真是剛剛好。那被告，你聽完原告跟證人說的話，有什麼意見？」法官問。

「沒有什麼意見啊！就覺得很莫名其妙，完全不關我的事，而且法院傳票寄到我家，案由寫著確認婚姻無效，我女朋友看到都快氣炸了。」被告說。

法官忍不住笑了出來，心想：誰的女友受得了呢？沒有告這位真正的陳志明先生已婚還感情詐欺就不錯了。

妳要告的，是哪一位陳志明先生？

法官繼續問：「可是，妳提告的對象是那位離家出走的假陳志明先生，還是現在在庭的這位陳志明先生呢？如果依照當時儀式婚的規定，妳跟那位假陳志明先生的婚姻不見得無效喔，因為結婚的要件都已經滿足了。

但是如果要告在庭的這位陳志明先生，那當然可以認為妳們並無結婚儀式，也沒有結婚的真意，的確可以判妳跟這位陳志明先生的婚姻無效啦。這是妳要的嗎？」

原告稍微猶豫地回答道：「那我可以只告在場的這位陳志明先生，請法院判婚姻無效就好嗎？」

法官答：「當然可以。但是也許妳發動網路肉搜，搞不好還是能找得到那位離家出走的先生喔。而且人在一個區域生活超過十年，基於慣性，可能也很難徹底離開吧？或許某一天妳會在街頭，再遇見他也不一定。」

「不用了，我已經徹底死了這條心。人生路上，我也不想再跟那個人有任何瓜葛了。請法官就判我跟這位陳先生婚姻無效吧。陳先生，很抱歉造成你的困擾。」原告講到這裡，聽得出語氣中有一種看破的領悟與失落。

回到法官休息室。

法官B聽完，幽幽地開口：「難怪你用『離奇』形容這個案子，沒想到真的有人可以冒用另一個人的身分結婚成家。不過，你有沒有看過一部穿越劇情的愛情電影？」

「你說的是哪部？」

「《穿越時空愛上你》，梅格萊恩跟修・傑克曼演的。修・傑克曼是一個十九世紀的貴族，陰錯陽差之下，來到一百年後的現代紐約，跟女主角擦出愛情火花，但因為某些因素，又得回到過去。」

「哈哈，我看過這部片，你是說這位陳志明其實是『金剛狼』喔？」

「你不覺得說得通嗎？陳志明不知從哪個時空來，只為了跟這位女性相戀，然後陪了她十多年。最後因為某些因素，不得已只好回去原來的時空。不然怎麼會這一年來音訊全無，都找不到人？」

「虧你想到這個理論，我也無法反駁。」

TAKEAWAY
法律重點

民法上認定的婚姻

民國九十六年五月二十三日修正公布民法第九八二條：結婚應以書面為之，有二人以上證人之簽名，並應由雙方當事人向戶政機關為結婚之登記。

又民法親屬編施行法第四條之一：中華民國九十六年五月四日修正之民法第九八二條之規定，自公布後一年施行。

在修正之前，我國採取的是「儀式婚」制度，也就是有舉辦婚禮、公開宴客，就認定雙方有結婚的事實。而**自九十七年五月二十三日起，結婚雙方當事人須向戶政事務所辦理結婚登記，並有證人簽名，始生效力**。

儀式婚的缺點是公示性不足與不明確。一方面可能造成有些人已婚卻利用戶籍未記載，進行詐騙或重婚。另一方面有些人雖然實際上已登記結婚，卻因不具備公開儀式之要件（如：奉子成婚未宴客，或在自家閉門慶祝），一旦夫妻感情不佳，一方向法院請求確認婚姻無效，仍會遭法院判決婚姻無效而推翻，經常為各界所詬病。

登記婚的優點

婚姻法律關係在公、私法上具有重要性，舉凡：**稅捐申報的利益、保險要保被保的資格**，代他方為主張訴訟的資格等等，都需要自證雙方有婚姻關係。

所以，如此重要的身分關係，以國家戶政的登記制度予以擔保、昭告天下，具有對世效力，只要提出正式的戶政登記資料（戶籍謄本、戶口名簿）或是身分證，都可以表彰其法律關係，得以對抗第三人，也能免除就結婚的儀式、證人等要件舉證的繁瑣責任。

如何辦理結婚登記？

準備證件（證明文件須繳驗正本）

- 結婚書約（需有兩名以上證人簽名）。
- 雙方之國民身分證。
- 雙方之戶口名簿（可現場申領）。
- 新式身分證規格的照片各一張。

由結婚當事人「**雙方親自**」到其中一方戶籍地戶政事務所辦理登記（證人可以不需到場），登記後結婚才生效力。

民法九八二條結婚成立生效方式，由儀式婚改為登記婚，明定結婚應經戶籍登記，否則無效，以公示性保障婚姻之效力。

楊律師問答室

Q 我想跟先生提離婚，但結婚時間是在十五年前，對方在法院上直接說婚姻欠缺儀式所以無效。財產分配和小孩，該怎麼辦？

A 財產的部分，婚姻無效時，依民法第九九九條之一規定，準用民法第一〇五八條，**如果結婚時沒有約定其他財產制**，**就適用法定財產制**，**得請求雙方剩餘財產之分配**。理論上並無法定財產制關係消滅時點，僅得以判決解消婚姻之離婚規定類推適用，即以「**訴請確認婚姻無效訴訟之起訴時**」**為基準點**。

子女部分，**若婚姻無效**，**則子女就成為非婚生子女**。然而，因為民法第一〇六五條第一項規定，前提是父親與子女確實具有血緣關係，仍可以進行聲請認領的程序；但若有某一方否認生父與子女有親子關係的話，則可能需要再以訴訟確認，**認領後**，**親權部分若無法協議**，**則依照民法第一〇六九條之一準用離婚規定**，**進行酌定親權**。

解脫

幫我擬個協議書，簡單就好，我想快點解決！

【協議離婚】

「婚前他就有動手動腳的傾向，婚後不到半年，三天一小打，五天一大打，打到現在，我命都快沒了。探視孩子？我根本不想再跟他有什麼瓜葛。反正，希望他能夠趕快簽好協議，我只想趕快逃離他。」

「每隔週末能見一下孩子這種制式條款也不用？」我忍不住追問。

豔陽天的下午，在電腦螢幕前趕書狀趕到一半，助理敲門探頭進來。

「律師，不好意思，有個當事人在事務所門口，想請你幫她寫離婚協議書。我該怎麼回她？」助理面有難色地說。

「就說我在忙吧？這年頭找律師，難道不用預約時間的喔？」

「可是……她說她很急。」助理額頭冒出一粒汗珠。

「這，真是的。她是過路客嗎？」

「她說是你前同事介紹的。」

「是喔？唉，好吧，請她進來。到會議室去談。」我無奈地按下儲存鍵，走出辦公室。

我要馬上離開那個男人，我要離婚。

坐在會議室的她，大概年紀二十五、六歲而已，骨瘦如柴，臉上也不見年輕女孩該有的光采。我一坐下，她就焦急地說：「律師，不好意思這樣臨時跑來。可是我真的想趕快離開那個男人，我要離婚。」

「那，他同意離婚嗎？」

「他同意啊。小孩子歸他，我什麼都不要。」她的語氣相當堅定。

「小孩子多大？」

「才兩個多月，今天我把小孩丟給婆婆照顧，才跑出來的。」

「那妳是想做離婚協議囉？」

「可以嗎？」她的眼神透露出一絲期待。

「當然可以啊，但妳說什麼都不要，那孩子呢？歸他監護，但妳總想要探視孩子吧？這方面妳有什麼要求？」

不待我問完，她已火速回答：

「完全沒有。婚前他就有動手動腳的傾向，婚後不到半年，三天一小打，五天一大打，打到現在，我命都快沒了。探視孩子？我根本不想再跟他有什麼瓜葛。反正，希望能夠趕快簽好協議，趕快逃離他。」

「『每隔週末能見一下孩子』這種制式條款也不用？」我忍不住追問。

「不用了。別替我擔心，我什麼都不要求，擬這份協議書要多少錢，我馬上付，我只想趕快離開他。真的，越快越好。」

離婚不過一、兩年，就又得再找律師

過去擔任家事法庭法官時，我曾處理過很多離婚後的一方到法院提告「改定會面交往方式」或「改定親權行使」的案件。

當下閱卷時，總是不解：為何這些回頭來進行訴訟的當事人，當初離婚時，總是簽下無比簡陋、對自己權益毫無保障的離婚協議書？接著一兩年後就感到後悔，再回頭找律師處理，向法院訴說協議書內容有多麼空泛、不公平？

像是「乙方得於不影響甲方及子女生活作息的情況下，得隨時探視子女」這種含混、籠統的條款，最大的問題在於賦予對方只要用「會影響子女生活作息」的理由，就可以隨時說一聲「不方便」當作阻撓探視的擋箭牌。當事人再不滿，也很難聲請強制執行，尤其是在賦予的探視時間與要件上實在太不明確，強制執行根本沒有可能，只能重新聲請法院酌定會面交往方案。

當時我坐在法官位置上，心想：這到底是哪個律師幫他擬的？直到自己換了位置，成為律師才發現，原來當初可能錯怪律師了。

他們為何簽下那些協議書？

在急著想離開破裂的婚姻時，很多人可能真的只抱著「想趕快跟這種爛人斷乾淨」「能拿到錢就好，趕快讓他簽字」「反正他會負擔小孩扶養費」「不可能完全不給我看小孩吧」等想法。要求律師把原本層層擬好「週末、寒暑假、春節、由誰接送」等繁複的會面交往條款通通改掉，改得越簡單、讓對方越沒有意見、可以越快離婚就好。

甚至，最好只有「得隨時探視」五個大字，或根本不要探視條款。只要對方「簽好離手」，到戶政事務所會合辦好離婚，一切海闊天空。換了張配偶欄是空白的全新身分證，從此展開人生新的一頁！

至於以後會後悔嗎？以後的事，以後再說。

正因為自己在法院看過許多人，日後花費更多時間、金錢，請律師再來打訴訟，爭取「不明確的離婚協議」所不當限制的權利，我在剛開始轉換跑道、從事律師業務以來，一直沒辦法不對當事人苦口婆心多說一句：

「你這樣放棄或定得太含糊，以後麻煩的是自己。」

直到這一天，當事人要求我把離婚協議書中與子女會面交往的部分，改成「乙方得於不影響甲方及子女生活作息的情況下，得隨時探視子女」。

一一說明日後的問題點後，我抱著最後一絲希望問道：「自己辛苦懷胎九月生下的孩子，真的不會想看看他以後長大的模樣嗎？」

但她只強調，想要立刻離婚，其他都不重要。

於是，我不再反駁，也不再勸說。

按下列印鍵，把離婚協議交給她帶走。下班時刻，透過車窗，看到只有豔陽天才會出現的橘色夕陽。我發現自己漸漸懂得這些同道律師的心路歷程了。同一位客戶，過不久終究又會再上門的吧？

TAKEAWAY
法律重點

協議離婚與裁判離婚

協議離婚，只要達成以下條件，婚姻的效力即可解消。

- 雙方同意。
- 有兩位證人確認過雙方離婚之真意。
- 雙方及證人在離婚協議上簽字。
- 雙方偕同至戶政事務所辦理登記。

裁判離婚，則是當兩造無法達成協議時，一方不想繼續婚姻而走入法院請求法官判准離婚。起訴一方，需提出符合民法第一〇五二條第一項第一款至第十款的法定事由，或是第二項之有其他重大無法維持婚姻的事由，才能向法院訴請裁判離婚。

離婚協議的基本內容

1.	未成年子女之權利義務之行使或負擔	主要照顧子女的是哪一方（請參閱：p.124 親權判定）
2.	子女扶養費的負擔	子女的生活費如何分擔
3.	子女會面交往方式	沒有監護權的一方，多久以及在什麼條件下可以探視孩子（請參閱：p.146 探視未成年子女之協力義務）
4.	夫妻之間財產之歸還或名義的更換	
5.	剩餘財產分配	夫妻婚後財產的分配，請參閱：p.82 剩餘財產分配
6.	贍養費、精神上或財產上損害賠償	請參閱 p.74 贍養費的迷思

離婚後的金錢與扶養問題

一旦兩人婚姻關係解除，大抵上都希望未來生活「井水不犯河水」，如果能有具體明確的規則可遵循，即可防止許多溝通不良或意見僵持所產生的糾紛。所以在協議離婚時，協助草擬協議書的律師或學法律之人，都會建議能將基本可預見會發生糾紛的事項，作出具體的安排。

透過協議或判決，都能達到解消婚姻（離婚）的效力。而離婚協議書中最好能有明確的規則遵循，以避免未來的糾紛。

楊律師問答室

Q

我今年三十歲，和男友穩定交往中。父母一直希望我們趕快結婚，但我們沒有生小孩的打算，也覺得這樣好好在一起就好。想請問從法律觀點來看，結不結婚有差嗎？

A

結婚在法律上的意義是二人互許終身為經營共同生活之目的，成立具有親密性及排他性之永久結合關係。而由於排他性，已結婚的一方不得再與第三人結婚。而因為尊崇婚姻之忠誠目的，如果一方外遇，實務上也有可能得到侵害基於配偶地位之人格權的損害賠償，以嚇阻外遇行為或保障婚姻的純粹與忠貞。**因此結婚的承諾是比單純談戀愛是更堅固受到保障的。**

結婚後夫妻互負同居之義務，互相為日常家務代理人，且在他方不能維持生活且無謀生能力時，互相有扶養的義務。**如果，兩人都願意給對方依靠，又不想對第三人解釋那麼多，婚姻有它完整的配套制度**。最後，因為婚姻關係的配偶地位可取得繼承的權利，**在生命逝去的時候，可以給予另一半所餘生活的保障**。如此看來，結婚的好處多多呢！還不快去結婚？

證據

我會再請律師幫我提出離婚的反訴，也會向對方提出精神慰撫金、子女扶養費……

【裁判離婚】

「既然他跟我過得那麼不開心，我也不勉強，但孩子一定是跟我。而且，我認為他沒有立場請求離婚，有權利主張離婚的人，是我。」被告的臉上沒有情緒。

法官略感遲疑：「那，妳的理由是？」

被告拿出一疊發票與一張表格，交給庭務員轉交法官。

「他有外遇。」

地點：某地方法院家事法庭第一法庭
案由：離婚
庭期種類：言詞辯論

法官問：「原告訴之聲明為何？」
原告律師凜然起身道：「報告庭上，如起訴狀所載。請求判決准許原告與被告離婚。」
法官問：「原告X先生，你主張要離婚，那主張的離婚事由是什麼呢？」
「法官，我跟她已經毫無感情了。她過她的，我過我的，一天講不到五句話，與其說是夫妻，還不如說像室友一樣。」X先生說。
「而且，她工作忙，幾乎好幾個星期才下廚煮一餐，衣服也不洗，整天就只會網路購物，家裡還堆了一堆雜物不整理，假日又只會罵小孩……」
法官問：「還有嗎？」
「還有，她老是跟我抱怨家用不夠，每個月還記帳，再向我請款，只是把我當提款機，哪裡有夫妻的情意？如果繼續跟她同住一個屋簷下，我可能都要得憂鬱症了。」

原告滔滔不絕地數落另一半的不是。

法官看著原告律師：「那原告是主張民法第一〇五二條第二項之重大難以維持婚姻之事由囉？」

原告律師答：「庭上，是的。我們認為兩造婚姻現已如同槁木死灰，出現難以回復的破綻，無以維繫，因此我們依民法第一〇五二條第二項之事由主張離婚。」

法官：「主張該項事由，必須比較夫妻對婚姻破綻之可歸責性，那原告是認為被告之可歸責性較高嗎？」

「是的。法官，我們認為婚姻的破綻，被告應比原告需負更大的責任，是被告讓整個家庭氣氛演變成這種情況。退一步來說，現在法院也普遍認為，當夫妻雙方的可歸責性相同時，任何一方都能請求離婚。」原告律師振振有詞。

法官轉頭問被告：「那被告呢？妳沒有請律師。答辯聲明為何？或者說，妳同意跟他離婚嗎？還是想繼續維持婚姻？」

「既然他跟我過得那麼不開心，那我也就不勉強，但孩子一定是跟我。而且，我認為他沒有立場請求離婚，有權利主張離婚的人，是我。」被告的臉上讀不出什麼情緒。

法官略感遲疑：「那，妳的理由是？」

被告拿出一疊發票與一張表格，交給庭務員轉交法官。

「他有外遇。」語氣和緩但斬釘截鐵地說出這四個字。

「逆轉裁判」的那一刻

原告律師睜大眼睛，側身看著原告。

面對突如其來的情況，原告略帶結巴地說：「妳……妳，胡胡……說什什……麼？」

法官問：「這疊發票要證明什麼？」

被告說：「上個月某個週末，我跟他說我南部娘家有事，要回家一趟，順便把孩子帶回去。他說好，正好公司值班，就自己留在台北。」

「他一向有蒐集發票的習慣，要留下來對獎。而我在他的外套口袋，找到那兩天的發票：到餐廳用餐都是點兩份，飲料也買兩杯，一杯檸檬紅茶、一杯熱咖啡，我知道他不喝咖啡。還有去超市購買『衛生護墊』的紀錄，這，絕對不是給我用的。」

被告彷彿有備而來。

原告則一言不發，神色緊張地盯著檢視證據的螢幕。

「我把他那兩天發票上的商家地址跟購買時間做了一張表格。喔，我是學會計的，不好意思，職業病。也把購買時間相近的商家地址在 Google Map 上標示出來，我的同事看了地圖告訴我，這些商店座標都圍繞著台北市一個知名男女幽會地點。」被告接著解釋。

法官問：「林森北路、錦州街？」

「沒錯，薇X汽車旅館。」被告說。

法官看著表格與發票，點點頭。

「下次我還可以提出他跟小三的 LINE 對話紀錄，至於怎麼拿到的，我保留。很巧的是，剛剛提到的那個週末前一天，他們都在討論著要穿什麼情趣內衣。」

原告律師頻頻轉身，似乎有無數問題想問他的當事人。但X先生只是對著律師手一揮，無力地往後靠向椅背。

法官問：「原告，你們對這些證據有什麼意見？」

法庭上一片靜默。

他的律師額頭緩緩冒出汗珠：「庭上，我們會再具狀陳報。」

法官諭知兩造十日內提出書狀。

離開法庭前，被告站起身說：

「法官，我會再請律師幫我提出離婚反訴，也會向對方提出精神慰撫金還有子女扶養費的要求。」

TAKEAWAY

法律重點

請求裁判離婚的事由

前面單元提到了協議離婚與裁判離婚的差異，而裁判離婚的法源依據，是民法第一〇五二條第一項和第二項。

民法第一〇五二條第一項規定了十款可以請求裁判離婚的事由：

- 重婚。
- 與配偶以外之人合意性交。
- 夫妻之一方對他方為不堪同居之虐待。
- 夫妻之一方對他方之直系親屬為虐待，或夫妻一方之直系親屬對他方為虐待，致不堪為共同生活。

・夫妻之一方以惡意遺棄他方在繼續狀態中。
・夫妻之一方意圖殺害他方。
・有不治之惡疾。
・有重大不治之精神病。
・生死不明已逾三年。
・因故意犯罪，經判處有期徒刑逾六個月確定。

而民法第一〇五二條第二項規定：

有前項以外之重大事由，難以維持婚姻者，夫妻之一方得請求離婚。但其事由應由夫妻之一方負責者，僅他方得請求離婚。

這就是民法對於裁判離婚所設的「消極破綻主義（或稱概括事由條款）」。所謂消極破綻主義，是指法院實務見解普遍認為，當婚姻已生破綻而無回復之希望，若夫妻雙方均為有責時，則應衡量比較雙方之有責程度，而准許責任較輕之一方，向應負主要責任之他方請求離婚。

換句話說，**必須由可歸責性較低，就是過錯較小的一方提起**。而如果雙方之有責程度相同，則雙方均得請求離婚，以符合公平且合於立法目的。

離婚訴訟往往是「全面啟動」的攻防

當與對方協議離婚不成，準備打離婚訴訟之前，除了捫心自問，是否已經對這段婚姻心死，當然還要認清，伴隨離婚訴訟而來的，一向是刀刀見骨的互揭瘡疤。

離婚訴訟進行真正的證據審查前，一定會先有調解程序。調解程序中雙方還能就條件、方案上進行磋商，但調解程序結束之後，法院可能就要進行實質證據的審查，而這就是婚姻生活彼此間汙點及傷痕全面檢驗、細數的開始。

訴訟的風險，往往發生在：**當你沒有可以主張民法第一〇五二條第一項那十款事由時，你只能基於民法第一〇五二條第二項概括事由進行主張，這意味著你要提出比對方更多、更能證明婚姻無法維繫是因為對方因素的證據**。

提出反訴的必要性

如果做為被告，認為自己並非可責性較高的一方，原告才是；則被告可以另外提出反方向的訴訟，也就是「反訴」，主張對方才應該是婚姻破綻的始作俑者。

提出反訴雖然目的也在終結婚姻，但因為婚姻因判決解消而受到精神上損害之一方，可以請求賠償（民法第一〇五六條）。因判決離婚而陷於生活困難的人，則可請求贍養費（民法第一〇五七條）。甚至，婚姻破綻可責性的判定，也可能影響未成年子女監護權的裁判，在有以上這些考量時，反訴的提起是有必要的。

請求離婚的訴訟，實務上許多律師都會建議併提第一〇五二條第二項，但這不代表穩操勝算。因為，我們永遠不知道，對方手上握有什麼我們沒有的證據。而且，千萬不要小看表面沉默的對手，一槍斃命的外遇證據，往往可能瞬間扭轉戰局。

提離婚時若主張民法第一〇五二條第二項，原告必須證明自己對於婚姻破綻應負的責任比對方低（或至少兩邊一樣）。

—律師．有話說—

在協議離婚與裁判離婚之間：調解離婚

調解幾乎是每件家事事件在正式進入裁判之前的先行程序*，通常由調解委員主持，目前部分法院如：臺北、新北、桃園地方法院的家事庭，已在編制上撥出部分人力，由法官擔任調解委員，親自辦理調解事件。

透過調解的優點

1 調解筆錄效力等同於確定判決

調解離婚就等同於正式離婚。此外，像是金錢的給付，調解筆錄可以做為執行名義，直接持之聲請強制執行。

2 節省程序成本

所謂「遲來的正義不是正義」，當兩造都能再上訴、抗告曠日廢時的時候，等著酌定親權事件的孩子，可能都在審理過程中長大了。當然除了時間之外，也能省下訴訟相關的龐大費用。

過去，地方法院的家事庭也許調解一至兩次就進入審理，可是**現在的家事庭卻可以用上三、四次調解期日**，**甚至搭配夫妻、親子諮商**，**或是家事親職講座等課程**，讓當事人充分了解婚姻事件中親權部分的處理，並且以子女最佳利益為依歸。要求當事人上完親職教育後，再繼續調解，也是很常見。

至於**調解地點**，**通常設在有會議桌的調解室**。兩造就像是圓桌會議般，以協商會談的方式進行討論，不若法庭上劍拔弩張的氣氛。相對來說，由於調解是透過討論，顧及當事人遵守與履行的意願，比法院裁判更有自動履行的可能性，而且也更有機會互相磋商出彈性且細緻的條款。

＊註：認領之訴、確認親子關係存在或不存在事件等，關乎身分、血緣之事件，因涉及公益，不能讓當事人自行和解決定，因此不一定會排調解。

給當事人的調解心法

1 調解是有進有退、各讓一步的藝術

天下沒有你不讓步，卻要對造讓三步的談判，有捨才有得。一味要達到自己的目的，讓對方完全退讓，如此心態期待調解成立，只是緣木求魚。

2 盡量不談過往之糾紛、掌握的證據

談證據往往會陷入僵局，而且可能扼殺調解談判之契機。調解談的大多是「方案」，以求能符合雙方利益的「最大公因數」。

3 調解條件要盡量具體且能夠執行

這麼做能提升之後履行的可能性，不過，也需要保留某程度的彈性，以照顧不能預料的狀況。

4 調解過程如有律師陪同，可多跟律師臨場討論

這麼一來，律師才能忠實傳達當事人的意思。必要時也可向調解委員請求先離開調解室，與律師討論後再提出進一步的想法。

5 調解時保持理性

若只顧著爭對錯，就失去尋找雙方都能接受的最佳方案之目的。通常一方說話，另外一方還是要注意別打斷，以維持調解庭的秩序。

代價

幫我要到好萊塢明星級的贍養費，沒問題吧？

【贍養費的迷思】

跟她確認了所掌握的證據，也分析了請求判決離婚成功的可能性不低，也給了一些繼續蒐集證據的方向。

然後，她就問了一個如果有「家事事件常問問題排行榜」，大概可以排入前五名的問題……

我稍微要個兩千萬，不為過吧？

走進事務所會議室的這名女子，身穿線條簡單、但質感不錯的白色休閒服，腳上則是平底鞋。雖然已經刻意穿著隨意，手上提著的包款還是小小露了餡，即使是低調的褐色，但皮革上的精緻車縫，透露著高檔的味道。

更何況，事前已經從介紹人口中得知，這是一個家境不錯的當事人。

坐下來後，她跟祕書要了杯黑咖啡，接著開口問：「律師您好，我的朋友應該大概有跟您說明我的狀況了？」

律師說：「嗯，我大概聽說了。妳先生長年在國外經商，卻跟他的助理發生了婚外情，妳掌握了一些證據，想離婚，是嗎？妳還是可以再跟我敘述一下。」接下來，跟她確認了手上所掌握的證據，幫她分析了請求判決離婚成功的可能性不低，也給了一些繼續蒐集證據的方向。

然後，她開口問了一個如果有「家事事件常問問題排行榜」，大概可以排入前五名的問題：「律師，他賺那麼多，我應該可以向他請求贍養費吧？」

「妳怎麼會有這樣的想法？是問過什麼法律界人士嗎？」

「報紙跟電視不是常常在講，哪個好萊塢明星或職業球員跟太太離婚，不是都要支付太太好幾億贍養費嗎？那個男人年收入就算沒有上億，應該也有個幾千萬。我稍微要個贍養費兩千萬，應該不為過吧？」她說得理所當然。

在台灣想透過訴訟拿到贍養費，並不容易

「想請求贍養費的人，在走一遭台灣法院後，十之八九都會對法院感到失望喔。」

「律師，這是什麼意思啊？在台灣，不能請求贍養費嗎？」

「不是不能。我想先瞭解，妳婚前、婚後有做過任何工作嗎？」

「我婚前是個服裝設計師，也在美國取得服裝設計碩士學位，婚後偶爾接點案子做。怎麼了？這個有影響嗎？」

「這就是新聞給我們的錯誤觀念了。其實，報導中的那些好萊塢明星或知名運動員所付給前妻的鉅額贍養費，都可能是『夫妻剩餘財產分配』加上『子女的扶養費用』的總和。而記者也許對於美國各種權利的名稱或定義不瞭解，因此一律以『贍養費』稱之，造成一

般人認為歐美有錢人離婚後，另一半都可請求到高額贍養費。」

「而台灣呢，要提起訴訟請求贍養費，必須要有三個要件：第一、自己對於離婚沒有過失；第二、法院判決准許離婚；第三、因為判決離婚而生活陷於困難。因為透過訴訟拿到贍養費非常困難，雙方律師也會給當事人這樣的認知，所以，一般在訴訟外談判贍養費，是很難對對方施加壓力的。也就是說，另一方根本不怕妳提起訴訟來要贍養費。」

「而妳的狀況是，婚前有專業性頗高的工作，婚後也偶有從事，要說妳離婚後生活會陷於困難，恐怕在法律上主張並不容易。基本上在台灣，只要有手有腳有基本學歷，誰都不容易啦！除非臥病在床、無法自理，法院才確定會判贍養費吧！」我苦笑著說出結論。

「是喔？怎麼聽起來這麼絕望？那我該怎麼辦？怎麼可以讓他這個背叛婚姻的人，就這樣輕鬆一走了之？」

「妳如果想在經濟上讓對方付出一點代價，訴訟外的離婚談判又沒有太大希望，那應該要思考別的方式，讓對方從口袋裡掏出錢來。像是：提出夫妻剩餘財產分配、主張因為配偶人格權受到侵害，或是判決離婚的損害賠償等等。」

「律師，那快教教我怎麼做吧！」

TAKEAWAY
法律重點

贍養費、生活扶養費用、剩餘財產分配請求，傻傻分不清楚

不論是協議離婚或判決離婚，都可能涉及費用的產生，而贍養費、生活扶養費用和剩餘財產分配，三者不能混為一談：

名稱	定義
贍養費	提供離婚後另一方配偶的生活扶助費用
生活扶養費用	分擔未成年子女的生活扶養費用
剩餘財產分配	夫妻婚後財產扣除債務後平均分配

民法第一〇五七條規定：夫妻無過失之一方，因判決離婚而陷於生活困難者，他方縱無過失，亦應給與相當之贍養費。

如果是協議離婚，關於贍養費的約定，當然可以依照私法自治、契約自由精神，任憑雙方討價還價。為了不進訴訟，對一些婚姻間的醜事進行「真刀真槍」的舉證審理，或許一方願意開個另一方能接受的價碼當作贍養費，兩人間若能達成離婚協議，本有拘束力。但因為現行台灣判決離婚的贍養費要件包含「無過失」「判決離婚」「限於生活困難」三點，私下協議時，有錢的一方通常不會輕易就範、直接給予贍養費。

贍養費修正草案，調整請求不易的問題

過去贍養費因要件嚴苛，請求方通常評估勝算不高就減少起訴，因此，從二〇〇九年到二〇一八年**整整十年間只有一百一十五件請求，其中更僅有兩成請求成功**。各方批評，我國的贍養費規定有違反國際公約《消除對婦女一切形式歧視公約》（CEDAW）之嫌。該公約規定：「離婚制度不得以當事人沒有過錯為取得經濟權利的條

件；締約國應修改過錯離婚規定，以便對妻子在婚姻期間對家庭經濟福祉所做之貢獻進行補償。」

換句話說，**應肯定配偶一方對家庭無形貢獻及衍生之機會成本，包含因婚姻或家庭而犧牲的學業與職涯發展**。

行政院在二〇二一年八月提出民法親屬篇部分條文修正草案，並因違反 CEDAW 公約精神，針對現行民法第一〇五七條提出修正，內容如下。

- **不限於「判決離婚」**：離婚後的贍養費給付乃離婚效力之一，不宜因「判決離婚」、「協議離婚」等而有差異，放寬為請求贍養費不限於判決離婚，經協議離婚也可請求贍養費。
- **刪除「無過失」要件**：夫妻無過失的一方，因判決離婚而陷於生活困難者，他方縱無過失，也應給與相當的贍養費。修改後條文為「夫妻之一方因離婚而生活陷於困難者，得向他方請求贍養費」。
- **不得請求贍養費的條件**：贍養義務人因負擔贍養義務，導致不能履行其對直系血親的扶養義務，或不能維持自己生活時，生活陷於困難的一方不得請求贍養費。

- **請求時間為自離婚時五年：**贍養費請求權自離婚時五年間不行使而消滅。也就是「協議離婚」五年內可請求，離婚超過五年就不能請求。
- **請求贍養費，由當事人協議，如協議不成則由法院定之。**

也許，在不久的將來，我們就可以看到贍養費的規定透過修法，而有一個比較合理的權利主張與判斷標準。

目前台灣贍養費要求不易，實務上多從剩餘財產分配、損害賠償著手。期待民法第一〇五七條修正草案通過後能有改變。

攻防

你看這存證信函，竟然離婚都快兩年了，現在才來說要分我財產的一半？

【剩餘財產分配】

「他準備在離婚後兩年內，對妳提出夫妻剩餘財產分配的請求。看來，對方所提的一場訴訟，勢在必行了喔。」律師眼神在存證信函跟女子臉上來回看著。

「還有這種事？那我不是被耍了嗎？」她的語氣多了一絲慍怒。

這名女子老早就預定了下午的時間，還千吩咐萬交代，一定要預約兩個鐘頭以上開會。準時走進辦公室後，她攤開手上一紙存證信函，還有一疊電子郵件列印稿，憤恨說道：

「律師，你有碰過天下最無恥的男人嗎？我現在就秀給你看。」

離婚後的回馬槍

「怎麼了？電話中妳不是說，已經離婚了嗎？」律師一臉狐疑。

「是啊，我們離婚都快兩年了，當初我早就知道他有小三了，也攤牌過，每次都說不會再犯。他還是一再偷吃，嘴也不擦乾淨。有時甚至跟那狐狸精在車上就做了，車上椅背夾層都還留著沾有體液的衛生紙，甚至還有體毛。」

「啊？這麼誇張？衛生紙有拿去化驗過嗎？」

「有啊，有人教我去驗ＤＮＡ，就是他的啊。」

「那……怎麼證明是那女的？」

「她還留了一頂帽子在車上，上面有她的頭髮啊，我去送驗，毛髮的ＤＮＡ就是我前夫以外另一個人的，你說這不是鐵證如山是什麼？」

「嗯，這麼明確的證據也真是少見。」律師尷尬地笑了笑，「那你說天下最無恥是怎麼回事？」

「你看這存證信函，竟然離婚都快兩年了，現在來說要分我財產的一半！講什麼『夫妻剩下什麼財產跟分配』什麼東西的。真是有夠不要臉！」

接過那張存證信函，律師搖搖頭問：「當時離婚時，沒有要他或雙方拋棄剩餘財產分配請求權嗎？」

「那是什麼？當時他願意賠我一百五十萬元精神賠償，還有我威脅那隻狐狸精要去她公司揭露她介入別人家庭後，就來我面前下跪道歉，然後賠我八十萬元。我不想跟這種男人虛耗，孩子我也不爭了，看他能怎麼養，那時他拿來一張說是律師擬好的協議書，我就簽了，當場拿到錢，也沒人跟我講什麼『剩餘財產』的。」

她說完，一臉茫然。

「這張存證信函就是準備在時效消滅前，對妳提出夫妻剩餘財產分配請求。看來，對方所提的一場訴訟，勢在必行了喔。」律師眼神在那張存證信函跟女子臉上來回看著。

「還有這種回馬槍？那我不是被耍了嗎？」她的語氣多了惱怒。

對方可能有高人指點

「妳婚後累積增加的財產比他多嗎？」

「婚後是有棟房子A登記在我名下，市價大概一千萬，頭期款兩百萬是我媽出的，後面貸款是用我名下的帳戶定期繳納。我爸過世時，我還繼承了一棟房產，大概一千五百萬。」

「那他呢？」「他沒有不動產，但愛做股票，離婚前帳戶裡應該有個七、八百萬吧。」

律師皺著眉頭，似乎思忖著什麼。

「律師，你看他竟然無恥到什麼程度，說他離婚時名下已沒有積蓄，婚後他送我的鑽戒他現在想分。另外有一次我在公司被性騷擾，調解後得到賠償二十萬元，他也想分。還是不是人？」

「看來離婚當時，對方可能有高人指點喔。」律師推推眼鏡說：「況且那麼明顯的證據讓妳親手抓到，上法院的時間點，恐怕也在他的計算之內。他大概早就將存款脫產光了，還養這案子養了兩年，等到時效將屆，再來告妳。」

「難道沒救了嗎？」她焦急地問。

「沒關係，妳來找我，不就是要解決問題的嗎？」

法律重點 TAKEAWAY

剩餘財產分配的本意是對配偶在婚姻中互相扶持、分工、家事勞動的貢獻給予正面的評價，因為有一方在家事分工、勞動的貢獻，才讓另一半無後顧之憂地累積婚後財產。所以，另一方增加的婚後財產才成為夫妻剩餘財產分配的對象，而婚後財產增加較少之一方能向另一方請求。

Q：夫妻剩餘財產分配是什麼？

A：台灣一般夫妻很少有人約定分別財產制或共同財產制，若未特別約定財產制，就依照法律預設的「法定財產制」之規定。依照民法一〇三〇條之一：

法定財產制關係消滅時，夫或妻現存之婚後財產，扣除婚姻關係存續中所負債務後，如有剩餘，其雙方剩餘財產之差額，應平均分配。但下列財產不在此限：

一、因繼承或其他無償取得之財產。

二、慰撫金。

實際計算方式，是就夫妻個別之婚後財產扣除所負債務後，將兩者之差距，平均分配。以前述故事為例：

妻之財產

婚後取得財產（房地產）	１０００萬元	其中２００萬元為無償取得（頭期款為父母贈與）。
慰撫金（性騷擾）	２０萬元	一身專屬，不列入分配
繼承房地產	１５００萬元	與夫妻婚姻貢獻無關，毋庸納入分配。
納入分配的金額	１０００萬－２００萬＝８００萬	

夫之財產

離婚時存款	700萬元
離婚時負債	300萬元
納入分配的金額	700萬－300萬＝400萬

夫妻兩人的財產差距為400萬元，平均分配結果，男方得向女方請求200萬元（400萬元除以2＝200萬元）。

Q：剩餘財產分配一定要離婚時請求嗎？

A：剩餘財產分配請求權之時效為兩年，自離婚時起兩年內應及時行使其權利。

Q：另一半離婚前故意脫產，造成分配不到，怎麼辦？

A：另一半在離婚前回溯五年內所故意減少他方剩餘財產分配之財產，應歸回計算，但為履行道德上之義務者不在此限，例如：扶養親屬等等。

在案例中，如果前夫故意在離婚前，將帳戶內之金錢大筆移轉出去，透過銀行帳戶交易明細之證據，可以證明故意脫產的話，就可以主張歸回計算。

Q：因為個人因素得到的「精神賠償」（慰撫金），對方可以要求分配嗎？

A：因繼承、其他無償取得之財產或慰撫金不能夠分配（民法第一〇三〇條之一）。慰撫金的定義是指權益被侵害所生之非財產上損害（即精神或肉體痛苦），支付相當數額之金錢，旨在填補被害人所受之損害及慰撫其痛苦。因為個人因素所取得，跟配偶他方的貢獻沒有關係。

Q：我父母親贈與給我，以及我受繼承的財產都需要納入分配嗎？

A：繼承取得、無償取得的財產，不在受分配之列，因為這些跟他方的家庭貢獻無關。（無償取得的財產，可能也是跟別人「看你可愛」比較有關，而跟配偶他方沒有關係。）

Q：夫妻一方死亡，也是剩餘財產分配之原因嗎？

A：目前實務見解大部分採肯定說，也就是生存配偶可先請求剩餘財產分配，然後再進行遺產繼承。

Q：如果對方在婚姻期間都沒有什麼收入，對家庭貢獻實在很少，或是分居很多年，各過各的，婚後財產累積跟他並不相關，這樣用婚後財產的差額的一半去給予剩餘財產分配還是很不公平，難道法院都不能減免嗎？

A：民法第一〇三〇條之一第二項原本僅規定：依前項規定，平均分配顯失公平者，法院得調整或免除其分配額。

所謂「顯失公平」，實務上曾有認為：夫妻之一方如果有不務正業或浪費成習等情況，對於兩人婚後財產的累積沒有貢獻或協力，這就違反分配剩餘財產的立意，也欠缺公平合理的基礎。這樣婚後財產增加較少的一方，自然不能坐享其成。因此，夫妻分居後若一方未再對家庭照顧及事業協助者，法院可以予以酌減。

在二〇二一年一月二十日公布施行的民法第一〇三〇條之一第三項修正條文，進一步明定法院在審酌夫妻就剩餘財產分配是否公平時，需要評估的因素如下：

夫妻婚姻存續期間之家事勞動、子女照顧養育、對家庭付出之整體協力狀況、共同生活及分居時間之久暫、婚後財產取得時間、雙方之經濟能力等因素。

這次修正，將過往依賴法院實務見解補充的「顯失公平」的判斷標準，具體明定在條文內容之中。這樣的標準明文化，將使主張分配公平的一方，更有具體的法律規定可循。但可以預見的，應該是此類請求酌減的主張會在訴訟中更常見，就得更辛苦家事法庭的法官們了！

剩餘財產分配肯定配偶在婚姻中互相扶持、分工與家事勞動的貢獻，由婚後財產增加較少之一方向另一方請求。

約定

她說如果要娶她，希望先跟我簽下婚前協議書。

【婚前協議】

能匹配白小姐如此出類拔萃的一方，想必高先生也不是省油的燈，還來問我關於婚前契約的效力，甚至表明了如果協議有效，則要再考慮婚事。您果然有 sense，我喜歡有 sense 的當事人。

律律師事務所來函

律師您好：

我叫高富帥，有一位交往五年、感情不錯的女友，目前兩人已經論及婚嫁。最近也開始討論到婚後的一些安排。

父母親比較希望身為獨子的我能與他們同住，她則堅持兩人結婚後不要住在婆家。她說，如果要她接受跟我父母住在一起，則要求下列這些條件：

1 她學的是財務金融，要求婚後我的薪水，除了零用外，都交給她統籌運用。
2 婚後如果購置不動產，一定要登記在她的名下。
3 我的工作必須長居國外，她擔心我外遇，如果有外遇，要我放棄小孩的監護權，並且賠償她五百萬元。
4 如果離婚，孩子都讓她擔任監護人，並且都要跟她姓。
5 離婚後，每個月要我給她五萬元贍養費，跟一筆每月子女五萬元的扶養費。還要我負擔她的律師費。
6 離婚後，我必須放棄對她的夫妻剩餘財產請求權（但她放不放棄對我的？沒有說）。

最近她說，如果我確定要娶她，希望先跟我簽這份婚前協議書。請問律師，如果我簽下去，這張婚前協議書有沒有法律效力？

您的意見非常重要，關係到我的一生，如果這樣的協議有法律效力，我會慎重考慮要不要跟她進入這段婚姻。謝謝！

律師回覆

高先生您好：

我深深覺得您這位「準」未來人生伴侶，實在是不可多得的新時代勇敢女性，讓我猜一下，她是否姓白？名叫富美？

說她勇敢，是因為她所提出的這些條件，是一百個想結婚的人當中，一百零一個人都想要對方答應的，卻沒有一個人敢要求對方在婚前簽下這樣的協議。大部分的人，都只能在婚後鬧得不可開交時，指著對方的鼻子大罵：「你婚前都不是這樣說的！」「你婚前答應我的都沒有做到！」一旦上法院爭財產或爭孩子，卻拿不出任何證據，證明當初對方曾經答應這些事。

一般人都會顧忌親友的眼光，這些親友也包括您的父母，一看到女方婚前就把這麼多財產歸屬或分配的事情一一列出，似乎有點太精打細算，還沒嫁入門，就被貼上一張「精明媳」的標籤（男的額頭上則寫著「奸巧」兩字），感覺這個媳婦不好招惹，將來會不會得到公婆的信賴與喜愛，不得而知。

她敢把自己所有的想法赤裸裸地展現出來，不怕跟您討論，不怕您覺得被戳破了婚姻浪漫幸福的夢幻泡泡，可見彼此的結合相當成熟，實在可喜可賀。

當然，能匹配白小姐如此出類拔萃的一方，想必高先生也不是省油的燈，您也是問對人了，還來問我關於婚前契約的效力，甚至表明了如果協議有效，則要再考慮婚事。您果然有 sense，我喜歡有 sense 的當事人。

關於白小姐提出的婚前協議條款，基本上，只要是法律上沒有禁止約定的，那就是可以約定，但是不能違反所謂的「公序良俗」。所謂的公序良俗很抽象，有點像不能違反社會道德觀的底線。

白小姐所列的單純有關夫妻財產的協議，都是有效的。唯獨有關子女的監護權，恐怕無法預先放棄。因為子女的監護權，需要斟酌子女的最佳利益，如果離婚了，一方不願放棄子女的監護權，法院也不會就此贊同預先放棄子女監護權的協議。

這些婚前協議的內容，建議您可以與白小姐好好討論，無論婚前婚後都可以簽。只要雙方同意，婚前所簽的，婚後也可以再做修改，只要在婚姻存續期間，雙方誠心來簽訂，都會有效力。您們能在婚前討論到這些問題，著實不簡單，就像是對婚姻這個有機體，打上一劑預防針，也說好遊戲規則，不用為了模糊地帶，彼此在婚前婚後猜疑。

然而，婚姻的本質是互信互持，無論有無訂立這些條款，都不應該輕易的毀壞婚姻的承諾。謹對您們踏入婚姻的殿堂，獻上我的祝福，希望一切幸福美滿。

TAKEAWAY

法律重點

Q：婚前協議是什麼？

A：也有人說是婚前契約，用意就在於**未婚男女在婚姻關係成立前，就婚後各項權利義務之內容，加以劃分約定之契約**。

Q：婚前協議的效力為何？

A：如果是私人之間的契約，在民主法治國家，就依私法自治、契約自由的基本原則出發。原則上，只要法律上沒有說不行，就是可以約定，對彼此之間就有拘束力。但是，只有一個例外，就是**婚前協議的內容，必須在不違反公共秩序善良風俗的前提下，才具有法律效力**。

「公共秩序善良風俗」其實是抽象、不確定的法律概念，可能隨著法律詮釋者的角度，給予不同的評價，也可能依照社會風俗的變遷，而有不同的解讀。

在歐美國家，婚前協議被視為是一種財產規劃工具，因為有比例可能高達一半的婚姻，是以離婚收場。因此，在男女雙方都具有相當經濟能力的情況下，為婚姻解消後的權利義務做好規劃，無非是明智之舉。而協議的內容包羅萬象，離婚後的財產分配、外遇條款、贍養費保障、子女監護，甚至寵物監護權都可訂定。

但是在台灣，婚前協議的內容，就不是這麼理所當然了。

Q：婚前協議有哪些事項可以約定？

A：目前婚前契約常見的範本，包括：

- **夫妻姓氏問題**：是否冠夫姓或冠妻姓（民法第一〇〇〇條）。
- **夫妻之住所**：婚後選擇之居住所，與公婆或岳父母同住，或是夫妻自己同住（民法第一〇〇二條）。
- **夫妻財產制**：婚後可選擇法定財產制或約定財產制（共同財產制或分別財產制）

（民法第一〇〇四條）。

- **家務分工**：家事的分配，原則應雙方互助協助。
- **家庭生活費用**：婚後各項生活支出與子女教育負擔，可由一方全額負擔或平均分擔，亦可依照雙方經濟能力、家事勞動或其他情事來進行分配（民法第一〇〇三條之一）。
- **自由處分金**：夫妻於家庭生活費用之外，得協議一定數額金錢可自由處分，也就是類似「私房錢」的概念（民法第一〇一八條之一）。
- **子女姓氏**：可協議子女從夫或母姓（民法第一〇五九條）。

以上這些事項都因為有法律上的明文依據，都是有效的。

Q：哪些婚前協議可能是無效的？

A：在台灣，婚前協議再以下幾種狀況可能無效。

- **涉及「離婚條件之預立」者**

例如：約定「如果外遇，則放棄所有財產、子女監護權，無條件同意離婚」、「若婚後有家庭暴力行為，則無條件離婚」，或「婚後如果無法懷孕（或甚至無法生育男性子嗣）則同意離婚」等等的條款，有相當高的可能性會被法院認定違背善良風俗而無效。

因為最高法院有個著名的判例：五十年台上字第二五九六號，認為「預立離婚契約」，其契約與善良風俗有背，依民法第七十二條應在無效之列。

因為民法對於婚姻的定義，是以夫妻倆人締結永久性共同生活的結合關係為前提，如果對於解消婚姻的條件預先訂立，恐有害婚姻的神聖與純潔，故訂立婚前契約時，如果有「在某某情況下就離婚」等條款，容易被認為是「離婚條件之預訂」，而使這部分契約被認為是違背善良風俗而無效。

- **違反人性尊嚴與善良風俗者**

有一種常見關於性生活的約束，例如：約定夫妻每週應該發生幾次性行為，甚至在性行為上加訂金錢對價條款，則一定會被法院認為違反人性尊嚴、違反善良風俗而無效。

- **有關離婚後未成年子女親權歸屬**

婚前協議中，約定雙方離婚後對於未成年子女權利義務之行使或負擔的效力，在近年來民法以及法院強調「未成年子女的最佳利益」的觀點，也會被法院所否認。依照民法第一〇五二條第二項規定：

夫妻對於未成年子女權利義務之行使若不利於子女者，法院得依夫妻之一方、主管機關、社會福利機構或其他利害關係人之請求或依職權為子女利益改定之。

所以即使是協議親權，也必須依循對未成年子女的最佳利益，而這最有利的親權協議，雙方應該在離婚時或離婚後再作確認，如果不能達成協議，可由法院介入，依照子女最佳利益酌定之，不能以數年前或甚至十幾年前的婚前或婚內協議，逕採為離婚後之未成年子女親權行使方式。

Q：雖有部分違約但可能被承認有效的例子

A：如果婚前協議不涉及婚姻的解消，也就是沒有訂成「同意離婚」或「無條件離婚」，而是站在繼續婚姻的立場，效果只是限制部分的權利，則就有可能被法院承認有效，例如：

- **對未成年子女親權行使的限制**

若一方對子女不當體罰、疏於照顧等嚴重侵害子女權益之情形，則為保障子女權益，可以暫時限制對方行使親權，如減少同住或會面交往之權利。

- **如有違反貞操義務及發生家暴事件時的精神賠償**

協議中訂立若與他人外遇、通姦、或發生家暴事件等違反婚姻忠誠義務、破壞生活和諧並侵害一方權益時之損害賠償，則因為不涉及解消婚姻，應該能為法院方面所接受。

Q：可以在婚前協議中約定贍養費跟婚後剩餘財產分配嗎？

A：台灣的離婚率有逐年攀升的趨勢，婚前雙方討論到未來若是離婚，關於財產安排、經濟狀態的維持，是出於理性的考量。

如果婚前協議約定贍養費跟婚後剩餘財產分配，按照過去實務見解，若涉及「離婚條件的預定」（如果怎樣則離婚），可能都會被宣告無效。

但是時代已經改變了，不應再帶有太多「有色眼鏡」去看這些關於財產分配的條款，怎麼破壞了婚姻的純潔與善良。就像婚前、婚姻過程中都能選擇夫妻財產制，有關贍養費或夫妻剩餘財產分配的約定，也應該被視為對於個人財產與經濟狀態的規劃。

台灣離婚率逐年攀升，對於對婚前協議的觀念其實可以更開放。夫妻彼此認同的財產規劃，其實也是維繫婚姻的預防性機制。

名份

我一直以妻子的身分幫他打點一切，有誰比我更像真正的媳婦？

【事實上夫妻】

她為他照顧年老臥病的母親好多年，沒有怨言，直到母親撒手人間。他母親的喪事，她以媳婦身分全權幫著處理，甚至披麻戴孝，以家屬身分參加葬禮，誰都以為她就是他的伴侶……

在八〇年代一次異國旅行中、那個櫻花繽紛的季節，她遇見經商的他。他鄉遇故知本是再親切不過，抵不住他的殷勤追求，她答應了回國後同住的要求，在熙來攘往的城市邊緣，過著甜蜜但踏實的生活。

同居幾年後，早過了適婚年齡，家人也開始擔心她的婚事。然而，在某個微涼的夏夜，他向她坦承，其實在另一個國度，他早已經有了婚姻，但夫妻間聚少離多，就在那時候，遇見了她。

她沒有因此離去，因為那些共度的美好回憶太清晰，她也不捨離開這個親手經營的小家園，而他也向她保證，會照顧她一輩子。街坊鄰居都視他們是一對夫妻，總以「〇太太」稱呼她。

後來，他的母親因病無法自理生活，取得她的同意後，將母親接來同住，在他出國經商時，她為他照顧年老臥病在床的母親好多年，沒有怨言，直到母親撒手人間。他母親的喪事，她以媳婦身分全權幫著處理，甚至披麻戴孝，以家屬身分參加葬禮，誰都以為她就是他的伴侶。

直到某日，兩人發生了嚴重的爭吵，他逕自出國，未再與她連絡，但仍透過友人按月給付生活費。又這樣過了幾年，她不再收到他匯來的生活費，還收到一紙法院文件，似乎是要求她遷出那棟他們住了三十年的房子。她聯絡不上他，只好硬著頭皮上法院。

因為房子的名義人是他，她無法舉證任何借貸或是租賃關係，法官最後判決應該返還這棟房子，但是定履行期間為三年，也就是她能夠有三年的時間另覓落腳處。

她拭著淚對朋友說：「我一直以妻子的身分幫他打點一切，還照顧他母親，幫他處理母親後事，有誰比我更像真正的媳婦？但最後卻因沒名份，殘忍地要我離開這個真正的家，我就得走。難道過去的一切都是假的嗎？我的青春、我的人生，誰賠給我？」

她沒有想到最後會跟他對簿公堂，雖然詢問過多個律師，卻沒有人能把爭取贍養費的勝算說得肯定。大部分都認為這種沒有法律基礎的婚姻關係，卻請求配偶分享權利的案例很少，不太有把握能贏。但在友人的支持下，她還是對他提起了請求贍養費的訴訟。

開庭時，他告訴法官：她只是母親的看護，多年來的看護費用都是他們兄弟姊妹一起支付；還說因為早有配偶，與她同居犯了刑法上的通姦罪，所以她向他要求贍養費，也違背民法規定的公序良俗。

她對這些話感到不可置信，人到了法院說的話，竟然可以把一切事實都扭曲。她翻箱倒櫃找出十幾年前他母親喪禮的照片，證明當時她是以媳婦的身分出席。

法官最後在判決中認定，兩人確實有共同生活之事實，且鄰居友人都認為兩人是夫妻，足證他有讓她做為在台配偶身分的合意，進而判定兩人間存有類似夫妻之結合關係。

至於提出的贍養費請求，考量她沒有工作，亦無恆產，生活陷於困難，來請求贍養費，是為了終止這段關係，不在於請法院確認或鞏固一夫多妻的現實，並不違反社會通常的道德觀念，所以准許她一部分贍養費的請求。

她收到法院判決後的隔天，就打包好行李，準備離開這個曾經住過三十年的家。她向朋友說，無論判決准許的贍養費金額如何，至少法院認定她跟他過去的一切是真實存在的。走了三十年，她終於盼到這一份認定，也能跟過去道別了。

＊註：本文故事發想自台灣台北地方法院九十三年家訴字第一〇六號民事事件。故事情節與主人翁心境描寫乃作者自行編寫，並非該事件真實情況，特此說明。

TAKEAWAY 法律重點

Q：事實上夫妻能否享有合法夫妻的財產權利？

A：所謂的「事實上夫妻」，是指男女並未成立婚姻關係，主觀上以類似夫妻共同生活之意思，客觀上有共同長期生活的事實。

這種事實上夫妻能否享有跟合法夫妻相類似的財產權利上的保護呢？過去最早涉及此一問題的實務見解，可以回溯到一九四四年最高法院的三十三年上字第四四一二號判例：

男子與女子間似夫妻之結合關係，雙方雖得自由終止，但男子無正當理由而終止，或女子因可歸責於男子之事由而終止者，如女子因此而陷於生活困難，得請求男子賠償相當之贍養費。

這一判例是出自當時社會上仍普遍存有「妾」的類似婚姻關係，最高法院確認了事實上的夫妻關係（即妾的身分地位），如果因為分手將陷「妾」對方於生活困難時，自應由「夫」賠償相當的贍養費，也是保障當時社會弱勢者「妾」的權益。

Q：事實上夫妻是否能請求酌給遺產？

A：遺產及贈與稅法原本規定「僅對有法律上婚姻關係之配偶間相互贈與，免徵贈與稅」，到了二〇〇八年，司法院大法官會議釋字第六四七號解釋雖然沒有直接給予「事實上夫妻」相同贈與稅的減免，但是也同時點出：

事實上夫妻與具法律上婚姻關係之配偶間之相似性，立法機關可以基於保障憲法人民基本權利給予適度之法律保障。

也就是**站在基本權利保障的立場，大法官並不否定，日後立法機關可以修法讓事實上夫妻享有相同權利**。

近年最高法院也有越來越多判決明白承認，事實上夫妻關係，應該能「類推適用」夫妻在身分上或財產上法律關係的要件，像是家庭生活費用之負擔。

如最高法院一〇四年台上字第一三九八號民事判決：

按所謂事實上夫妻與男女同居關係不同，前者，男女共同生活雖欠缺婚姻要件，但有以發生夫妻身分關係之意思，且對外以夫妻形式經營婚姻共同生活之結合關係，而得以類推適用夫妻身分上及財產上法律關係之規定。……且家庭生活費用負擔，除法律或契約另有約定外，由夫妻各依其經濟能力、家事勞動或其他情事分擔之，民法第一千零三條之一第一項定有明文。

至於事實上夫妻能否適用夫妻間在繼承上的權利，目前實務上還沒有支持的相關判決，但是從民法第一一四九條規定：

被繼承人生前繼續扶養之人，應由親屬會議依其所受扶養之程度及其他關係，酌給遺產。

事實上夫妻如果生前確實由伴侶、也就是被繼承人扶養，應該可以用此一規定請求親屬會議酌給遺產，但如果親屬會議不同意，就需要由法院裁判酌定。

Q：同性伴侶間分手時，能否請求贍養費？

A：同性伴侶如依照司法院釋字第七四八號解釋施行法締結婚姻關係，當然有贍養費之準用。不過，未締結同性婚姻，但具有夫妻生活之主觀意願與客觀共同生活事實者，分手時經濟弱勢一方能否請求贍養費？這部分或許可以就同居雙方之實際生活、經濟狀況，讓他們能享有如同結婚夫妻的權利。例如：基本社會保險、扶養費用請求、贍養費等權利。

綜合上述，事實上夫妻已經廣為法院實務判決所承認，至於個別能類推適用的權利內涵，則應該由法院樹立標準較一致的判例，或以作成決議方式統合上下級法院見解，也讓人民有預測法律見解的機會。

一律師．有話說一

雨過天青的那一天：同婚法的施行

二〇一七年五月二十四日，司法院大法官會議基於平等保障所有人民都有締結婚姻的自由，公布了劃時代的釋字第七四八號解釋，大意為：**民法未讓同性別的兩個人，得以成立有親密性和排他性之永久結合關係（也就是婚姻關係），這違反了憲法第七條的「平等權」和第二十二條「保障人民婚姻自由」，並要求立法機關限期在兩年內完成法律之修正或制定。**

大法官雖然做出了兩年內必須立法的指示，然而，後來二〇一八年公投案第十案：「你是否同意民法婚姻規定應限定在一男一女的結合？」，以及第十二案：「你是否同意以民法婚姻規定以外之其他形式來保障同性別二人經營永久共同生活的權益？」結果顯現，民意並不認同在民法中納入同性別婚姻的規範。因此，立法院儘管肩負大法官會議解釋後之立法義務，同時也必須遵守公投案的結果。

二〇一九年五月十七日，在一個早上還下著暴雨、午後雨過天青的日子，立法院三讀通過「司法院釋字第七四八號解釋施行法」（簡稱「七四八施行法」），以專法的形式，規定「相同性別之二人，得為經營共同生活之目的，成立具有親密性及排他性之永久結合關係。」（七四八施行法第二條）並明定自一〇八年五月二十四日施行。立法院外關注的人群，隨著逐條立法結果歡欣或騷動，這條法令等於認同了同性婚姻的合法性，台灣的婚姻制度就此走入全新篇章。

七四八施行法在人權法制上的重大意義

七四八施行法明定了同性二人有權向戶政機關辦理結婚登記，使得我國成為亞洲第一個通過同婚立法的國家，更進一步達成婚姻自由的平等保護，落實婚姻平權的保障。

而經歷了公投案、大法官會議釋憲過程中爭議迭起，社會各界也對婚姻所涉及的人倫思想、社會觀念多所思辨，最終在行政、立法部門順利達成立法任務，既不違背公投結果、在名稱上有智慧地妥協，在內容上也理性處理了多元意見，並保障實質平等，台灣自此躋身世界人權保障、真正自由民主國家之列，值得慶賀。

同性婚姻的條件

- 須年滿十八歲，未成年人須得法定代理人的同意。
- 需有兩位證人，向戶政機關辦理結婚登記。

> **民法婚姻的年齡為何？**
>
> 依據民法部分條文修正草案，將「法定成年年齡由二十歲下修為十八歲」，「訂婚年齡一律定為十七歲，結婚年齡一律均為十八歲」，並刪除第九八一條未成年結婚應得法定代理人同意的規定，定於二〇二三年一月一日施行。因此從二〇二三年一月一日起，同性婚與異性婚的法定年齡限制就會一致了。

同性婚與民法婚姻的相同之處

- 不得重婚，不得與二人以上結婚（實質要件）。
- 雙方互負同居義務、日常家務互為代理。

- **家庭生活費用依能力負擔，財產制關係準用民法，互負扶養義務。**
- **互為法定繼承人，且權利義務及順位，都與民法婚姻中的配偶相同。**
- **對同住配偶父母之扶養義務**：同性婚並沒有準用民法第一一一四條第二款「夫妻之一方與他方之父母同居者之相互扶養義務」。但因為民法規定家長家屬相互間也負有扶養義務，所以同性配偶若與他方父母同住，則與同住生活的對方父母之間，仍可能有扶養義務。

同性婚姻和民法婚姻有哪些不同？

1 未設有因「性功能」撤銷婚姻之規定

民法規定一方於結婚時不能人道（性功能問題）而不能治者，他方得向法院請求撤銷（民法第九九五條），但同性婚並沒有這一規定。

2 近親結婚的限制（實質要件）

近親結婚限制是基於優生學及倫常觀念的考量，但同性婚在生育條件上本就不同，故比異性婚放寬一點，旁系血親在六親等內的可以締結同性婚，四親等內才不能締結同性婚

（但因收養成立的四親等同輩分血親不在此限）。

3 **同性配偶不與對方的血親成立姻親關係**

七四八施行法並沒有準用到民法第九六九條姻親的規定，因而同性配偶和對方的血親，如：父母，並未成立姻親關係。

4 **無婚生推定之規定**

同樣因為生理上生育能力之限制，民法第一〇六三條第一項「妻之受胎，係在婚姻關係存續中者，推定其所生子女為婚生子女」的規定，沒有被七四八施行法所準用。

5 **收養相關的規定**

七四八施行法第二十條本來只規定繼親收養為許可的規定，也就是雙方當事人之一方得收養他方之親生子女，準用民法規定，但並未規定同性婚姻雙方配偶可以共同收養無血緣關係的子女。

准許配偶收養的法院案例

二〇二二年，法院有個案例准許了同性婚姻之配偶收養無血緣關係的子女，引起社會關注。這件案子中，一方配偶在締結同性婚前已經收養了一位無血緣關係之子女，依照七四八施行法規定，同性配偶只能收養配偶的親生子女，而不能收養非親生的子女，因此結婚後他方與孩子無法建立親屬關係，即使透過委託監護，也只有照顧教養、就學遷徙、申辦證件補助、有限財產管理等權限，不是真正的親權，因此無法完整協助配偶處理相關的責任與義務。

當事人認為自己的家庭親子權益受損，是因法律規定，使當事人承受不平等之待遇，且有違七四八施行法立法理由與憲法平等保障的原則。法院的回應是參照立法理由，表示「鑑於成立第二條關係之雙方當事人有共同經營生活事實，為保障同性關係之一方親生子女之權益，應許他方得為繼親收養」，進而裁定他方配偶可以正式收養一方原本收養的無血緣子女。不過，如果狀況是當事人在締結同性婚後，共同收養無血緣之未成年子女，恐怕仍有法律之限制。有待將來法院形成確定見解或交由立法解決。

同性婚姻的離婚

同性婚姻的離婚（條文以「終止第二條關係」名之）之形式要件，需要兩人以上證人及至戶政機關辦理登記，與異性婚姻無異。此外，關於「子女親權之酌定及監護、損害賠償、贍養費之給與及財產取回」，也都準用民法婚姻之規定。以下是有差異的地方：

1 離婚事由

異性婚的「不治之惡疾」與「重大不治之精神病」這兩項，對應於七四八施行法則改為「有重大不治之病」，不再限於「惡」疾，但依然有「重大」的門檻。

2 可歸責比例

七四八施行法第十七條第二項規定：「有前項以外之重大事由，難以維持第二條關係者，雙方當事人之一方得請求終止之」，並沒有如同民法第一〇五二條第二項但書之規定「……**但其事由應由夫妻之一方負責者，僅他方得請求離婚**」。似乎就婚姻重大破綻的有責性要求來說，同性婚比異性婚的離婚門檻更低一點，也就是**只要有婚姻重大破綻，不論請求方之可歸責比例或過失程度如何，都賦予准許請求離婚的權利**。

立法者這樣的差別處理，是否隱含更寬容同性婚之一方請求離婚之意思？異性婚有不少人面臨請求判決離婚時的可歸責性門檻，他們恐怕會怨嘆，為何異性婚的離婚比同性婚更困難了（關於可歸責性，請見 p.66 判決離婚）。

同性婚姻的下一步

七四八施行法立法完成後，因應同性婚姻的實際狀況，仍會有進一步的問題產生。

1 當伴侶是外國人：跨國同性婚姻的一國多制

同性婚姻如果一方是台灣人，他方是外國人時，依照涉外民事法律適用法第四十六條*，必須婚姻當事人兩國的法律都承認同性婚姻，才能在台灣認定其婚姻有效成立。因此會產生以下四種狀況：

*註：涉外民事法律適用法第四十六條：「婚姻之成立，依各該當事人之本國法。但結婚之方式依當事人一方之本國法或依舉行地法者，亦為有效。」

配偶國的同婚法令狀況	配偶國籍	結果	原因
合法	荷蘭、比利時、西班牙等29國	可在台灣登記結婚	
不合法	日本、韓國、香港等170國／地區	婚姻無法有效成立	
不合法且需境外面談	印尼、菲律賓、越南、泰國等21國	婚姻無法有效成立	必須先取得母國的婚姻證明
依「行為地」法，在台結婚則可以成立	中國	婚姻無法有效成立	台灣設有「機場面談制度」，中國籍配偶入境前需先取得中國結婚證明

（以上參照台灣伴侶權益推動聯盟 游婉琪製表資料）

因為這樣的狀況，民間呼籲修法，促使了司法院提出「涉民法第四十六條修正草案」，若未來能通過，將不再因為一方當事人本國法的規定，導致婚姻的有效性不一。

2　生兒育女的渴望：人工生殖法該如何因應

同性婚姻既然尋求共同經營生活、永久而親密的結合關係，有些伴侶會希望能養育子女，為生命增添意義。然而，同性婚姻若需孕育下一代，因生理條件，不能不考慮人工生殖的問題。**我國的人工生殖法制定於二〇〇七年，當時的法律是針對異性婚姻而設計，必須是「異性夫妻」、且「妻能以其子宮孕育生產胎兒者」，才能合法利用人工生殖技術。**因此，不少同性配偶必須選擇遠渡重洋，飛到開放代理孕母的國家，花費鉅額金錢才可能尋求到一線「生機」。

而女性同婚配偶遇到的狀況，還包括私自找尋精子提供者以「滴精」或「空針管取精」等DIY方式受孕，但這麼一來，又會擔心日後親權發生爭議，得自行與精子提供者協議，而協議內容恐怕又會因違反公序良俗或法律規定而無效，讓人無所適從。

目前人工生殖法律的架構，讓想成立家庭、孕育子女的渴望只能遁入非法陰影之中，而未來的代孕機制，還需要考慮親權歸屬、隱私權、代孕者之身體自主權等，必須有更周全的研議，期盼未來人工生殖法能得到更完善的討論與修正。

幸福不是取決於外界環境，它由我們的心態來決定。

——戴爾・卡內基

Happiness doesn't depend on any external conditions,
it is governed by our mental attitude.（Dale Carnegie）

卷二

親子・連結

血緣，是愛的維繫還是羈絆？

爭奪

錢賺得沒他多，孩子會判給我嗎？

【親權判定】

每次吵架，他都會拿出離婚協議書，但是上面都要求我放棄孩子的監護權。他說他問過網路上很知名的律師，律師說我沒有工作，將來沒能力扶養孩子，上法院訴訟，爭監護權時，我一定爭不贏他，真的是這樣嗎？

爭親權有錢的人最大？我沒錢，就必須放棄小孩？

「律師，最近我跟那個人已經水火不容了，實在很想跟他離婚。現在就是卡在孩子監護權的部分，他放話要跟我爭到底……」

這天她跟律師約了下午五點，說接了孩子再來諮詢。讀中班的孩子，此刻正在一旁天真哼著歌、畫畫。

她一邊望著孩子，一邊說：「孩子是我辛苦生下來的，親餵了兩年母奶，每天陪睡的是我，學校也都是我在張羅。照理來說，監護權應該是我的吧？」

「照妳這樣說是沒錯，我也滿有信心啊，你在擔心什麼呢？」律師問。

他說，有錢才能拿到監護權？

「每次吵架，他都會拿出離婚協議書叫我簽，但是上面總是要求我放棄孩子的監護權。他說，他問過網路上很知名的律師，說我沒有工作，將來沒能力扶養孩子，上法院訴訟爭監護權時，我一定爭不贏他，真的是這樣嗎？爭監護權有錢的人最大？我沒錢，就必須放棄小孩？」

「這是很多人的疑問。答案是：『有錢的父母一方，不一定可以得到子女的親權。』不過說明之前，必須先跟你解釋『親權』跟『監護權』的不同。」

「親權是什麼？我只聽過監護權耶。」

「我們常說孩子由誰『監護』，或是『共同監護』，所以很少人真的知道，因為法律的修正，在二十多年前，我們就已經正式將父母親離婚之後，對於未成年子女應行使的權利跟應負擔的義務，獨立出來統合用『親權』的方式稱呼。而『監護』則是針對成年人失智、或是沒有父母的未成年子女的用語，在這樣的狀況下會另設監護人。

二十多年前，對於未成年子女的監護，包括親權行使加上扶養費的負擔，但是修法以後，親權行使就跟扶養費的負擔脫鉤了。白話來講，就是『照顧孩子的人，不一定需要負擔全額扶養費。』」律師說。

「我還以為當孩子的監護人，就一定要出全部的扶養費……」

「不是的，這個我們從另外一則條文也可以看得出來。妳看民法第一一一六條之二：父母對於未成年子女之扶養義務，不因結婚經撤銷或離婚而受影響。這就是告訴我們，不管離婚以後孩子跟誰，另一方就算沒有跟孩子同住，也對孩子有扶養義務，而夫妻雙方是可以約定扶養費的。」

法官在意的是「父母親保護教養子女的意願及態度」

律師轉頭看了看孩子，繼續說明：「法院現在判定親權，不是只以經濟能力做判斷，好像誰的口袋比較深，就判給誰。萬一有一方家財萬貫，但是完全不瞭解孩子、也不陪伴孩子，只是給予物質上的支持，但孩子活得很孤獨，也不是法院想要看到的。」她像是忽然看見曙光，連連點頭。

「現代的家事法庭，著重的是『父母親保護教養子女的意願及態度』，法院的術語是『親職能力』。一直以來，誰瞭解孩子較深、誰花比較多時間陪伴、誰未來對孩子較有適當的生活以及教育的規劃，才是重點。如果子女長大一點，法院也會探究子女的意願。當然，法院也會斟酌雙方的支持系統，也就是家裡有沒有幫手，不是比人數，而是真的要有能幫得上忙的才算數。」律師說。

「啊，原來如此。那您的意思是，因為親權和扶養費是分開的，如果親權判給我，也有可能讓對方多支付一些扶養費囉？」

「只要他的收入比妳高，是有可能的。」

「不過判定親權的時候，法官又無法實際知道我們跟孩子的相處情形，如果他請個有名的大律師，洋洋灑灑寫一大堆說自己多麼適合擔任『親權行使者』，這樣我還是有危險啊？」她又提出自己的擔憂。

「現在法院除了社工外，也可能指派家事調查官，或是程序監理人做較詳細或較長時間的觀察，我認為要裝也不是那麼容易啦。」律師笑著回答。

法官怎麼知道父母與孩子之間的實際狀況？

「『程序監理人』是什麼？」又出現了一個陌生的名詞。

「基本上，每個法院都會有由心理諮商師、社會工作師、兒童心理專家、婚姻專家，甚至律師組成的程序監理人名單。**法院從中可以依照職權或是當事人的聲請，選任程序監理人**，站在孩子的最佳利益上代替法院去對雙方、家人及孩子進行訪視，最後做成報告。除了跟孩子相處的情形，甚至詳細到兩方的婚姻歷程、婚姻問題發生的原因，並建議未來雙方應該如何才能更友善合作，都會寫出來，讓法院對於將來誰適合照顧子女，能做出深入的判斷。」

「哇，聽您這樣說明，我放心多了耶。這樣看起來，我好像不用再擔心他的威脅了。」

此時她深鎖的眉頭，才鬆開了一點。

「這樣我就可以趕快計畫搬出那個家了，順便把小孩一起帶走，我等著看他到時候再來求我給他看小孩。」

律師立刻抬起頭對她說：「這麼做，妳可要小心喔。我剛剛沒提到的是，現在法院都很注重未成年子女有與雙親繼續交往的權益。如果他去向法院告狀，說妳故意阻撓他行使親權，被法院認定妳不是『友善父母』，如果情節嚴重，可能會讓妳失去親權的。」

TAKEAWAY
法律重點

親權判定以子女最佳利益為審酌標準

很多離婚官司，因為兩人已經無法共同生活下去，離婚本身早就不是議題，財產怎麼劃分也還好談。棘手的是，明明就知道個性不合，卻還是生了孩子。我個人的觀察是：準備離婚的夫妻，有很多是孩子剛出生到三、四歲這個時期的夫妻，或許這個階段的孩子特別可愛，都是家族的掌上之寶、掌上明珠，雙方都想爭取（或是要給長輩一個交代？），**導致離婚官司的真正戰場，幾乎都是在親權這塊**。

法院判定親權斟酌的因素有哪些？其實民法在一〇五五條之一已經羅列了各項可能考慮的因素。可以把訴訟中的爭取親權想像成選美比賽，法官就是評審，而在各個項目上能夠拿到最高分的「佳麗」，當然就能獲得法官的青睞。以下是民法的「評分標準」：

民法第一〇五五條之一

法院為前條裁判時，應依子女之最佳利益，審酌一切情狀，尤應注意下列事項：

一、子女之年齡、性別、人數及健康情形。

二、子女之意願及人格發展之需要。

三、父母之年齡、職業、品行、健康情形、經濟能力及生活狀況。

四、父母保護教養子女之意願及態度。

五、父母子女間或未成年子女與其他共同生活之人間之感情狀況。

六、父母之一方是否有妨礙他方對未成年子女權利義務行使負擔之行為。

七、各族群之傳統習俗、文化及價值觀。

關於子女最佳利益的判斷，法院除了參考社工人員的訪視報告、家事調查官的調查報告外，也可以請警察機關、稅捐機關、金融機構、學校或其他相關的機關團體，或具有相關專業知識之適當人士，為特定事項的調查結果做最後確認。

經濟能力仍是考量因素「之一」

在親權判定上，很多人會有過去監護權的概念，認為跟子女同住照顧的一方，就應該全額負擔扶養費用，但是事實上法律已經做出了區隔，父母雙方可以分工，較瞭解子女的人負責平日的照顧與教養，而較有經濟能力的一方協力負擔子女的扶養費用。

「沒有經濟能力的一方，完全得不到子女的親權」的說法，摻雜了修法前對「監護權」內容的迷思。但不得不提的是，**若經濟狀況太過惡劣，還是可能成為親權爭取的負分。**

最後，必須格外注意的是，**阻礙他方行使親權，也就是存有「先搶先贏」觀念，在離婚官司前先「藏匿子女」的狀況，如果剝奪另一方親權行使的情況持續未改善，在親權判定上可能會被大大的扣分。**

在親權（監護權）上離婚父母可以分工，較瞭解子女的負責平日的照顧與教養，較有經濟能力的協力負擔子女的費用。

楊律師問答室

Q **和前夫協議離婚後小孩的親權歸我，他也接受了。但最近前夫開始跟小孩班導聯絡說要關心學業，還擅自來參加運動會，請問我可以阻止他嗎？**

A 簡單來說，單獨親權人的親權面向主要有二：一是對未成年子女的身體健康照護，二是擔任他法律上的權利義務的代理人。法律可沒有規範親權人可以拒絕探視方父母關愛子女。也就是說，親權人其實並無權排除另一方關心子女課業或是參與未成年子女學校邀請父母親雙方參加的活動，例如：園遊會、運動會、才藝發表會、畢業典禮、親師分享會等等。其他父母親都可以參與的，探視方也可以參與，因為這只是關愛孩子的表現，並非法律性事務。只要對方對孩子學業的關切或參加學校親子活動，不是在雙頭馬車爭主導權，也沒有影響孩子在校的作息。從孩子的角度看，在擁有雙親的愛與關注時，會更有動力面對學業上的挑戰，而有雙親的資訊可以諮詢，勝過只有一人。大人又何必因為離異，而減低孩子本應和其他孩子同等的資源呢？

血緣

多情種的人生啟示錄

【認領與婚生推定】

「沒有啊，我知道這個孩子是我的，看照片也知道跟我小時候一個樣。難道我可以否認嗎？」

「你否認的話，對方可能會提出你們交往的所有證據，也可以請法院命你去做DNA鑑定。如果你拒絕的話，法院可以斟酌一切情形，還是認為你是孩子的父親。」

「這樣啊，可是扶養費我真的有點吃緊耶。」

「♫莫笑我生來就是一個多情種，努力努力不讓我的情網落空……誰能說愛人的心，不是冷漠世界裡最溫暖的風……♫♫」從廣播中，傳來一首旋律悠揚的老歌。

「哇，這首歌也太久了吧。」律師心想。

這時助理敲門進來：「律師，您約的當事人來了，正在會議室等著。」

「好。」律師關掉音樂，步出辦公室。

沒有血緣的親生女兒

會議室裡坐著的這名男子，大約四五十來歲，身穿駝色獵裝外套，品味不凡。雖然依稀有些白髮，英挺的側臉仍透露出一股神祕氣息。

見律師進來，他馬上開口：「律師，今天來，是想先請教您一個問題。我戶籍登記上有一個女兒，但這個女兒是我在二十幾年前認領的，我跟她的母親並沒有結婚，也早在十幾年前就分手了。但我發現一件事，確定這不是我的親生女兒。」

「喔？是怎麼發現的？」律師問。

「國小畢業不是都會寫畢業紀念冊嗎？我在她的自我介紹那一頁，看到她寫的血型是A

型，當時國小不都會驗血型嗎？但我是B型，她媽媽是O型，再怎麼樣，都不可能生出一個A型的女兒。在那之後，我就沒有扶養過這個女兒，後來也跟她媽媽分手了。不知道我現在能夠提起什麼訴訟，解決這個血緣問題？我並沒有做DNA鑑定什麼的，也不確定能否找到她……」

律師想了想回答：「嗯，原則上她已經成年，法律上是不能強制她去驗血的。但是你也可以提出一些證據，證明你跟她沒有血緣關係。」

「那就很難啊，沒有血緣要怎麼有證據？」

「那你有家財萬貫的遺產，她會想繼承嗎？」律師笑著問。

「我沒什麼財產啊。」男人苦笑著說。

「其實，現在去解決這個親子關係，對釐清你們雙方的權利義務都有幫助。特別是對她，這位名義上的『女兒』。將來如果你老了、病了，她是你的直系血親卑親屬，對你可是有扶養義務的。若是你想對她請求扶養費用，那她可能會跳腳，說自己不是你的親生孩子，不想對你負擔任何扶養義務。如果現在確定不是你的女兒，將來當然也不用爭執扶養義務的問題了。我認為，我們應該可以用這一點來說服對方，讓她配合做血緣鑑定。」律師分析道。

他點點頭，似乎覺得這個方法可行。

「然後，這個訴訟應該叫做『撤銷認領之訴』，把你當年不正確的認領，做一個矯正，去除不符真正血緣關係的認領。」律師補充說。

無法認領的親生孩子

「好，我知道了。我可以再問另一個問題嗎？」男人有些不好意思。

「好的，請說。」律師看了一下錶，心想，諮詢所剩的時間還滿多的。

「其實，我現在有一個女友，小我十歲，懷了我的孩子。上個月，孩子才剛出生，我們原本去辦理認領，但是戶政事務所不給我們辦，說這個孩子被推定是我女朋友跟他的前夫所生。怎麼會這樣？我從來都不知道離婚後所生的孩子，還會被認定跟前夫所生！」

「這就要看你在她離婚多久以後，開始跟她交往的？」

「事實上，她跟前夫還沒離婚但分居的時候，我就跟她交往了。但小孩子是她辦好離婚後三個月才出生。」

「這樣很危險啊，因為民法是規定從小孩子出生日回溯第一八一日起至第三〇二日之間是受胎期間。原則上，孩子出生要在離婚後三〇二日起，生父才不會被推定是前夫。」

「是喔，那這樣我就不能去認領了？」

「對，因為對別人的『婚生子女』是不能認領的。」

「那怎麼辦？」

「只能請母親去提『否認生父之訴訟』了，而且必須在兩年內提起。法院判決前夫不是生父以後，你才可以去認領。」

「這麼麻煩啊。」男人無奈地說。

「是啊。那今天時間也差不多了，我們的諮詢就到這邊囉。」律師準備起身。

「等一下，律師，我還有一個問題，可以再給我五分鐘嗎？」

「啊？你還有問題？」

問題還沒完？我一定得扶養親生子女嗎？

「是啊，也是我自己的事情。剛剛講的是我現在的女友，我現在要問的是，我前一個女友告我的事。」

「啊？你前一個女友，是一開始問的那個錯誤認領嗎？」

「不是，是另一個。」

「天啊，你人生也太精采。」律師抓了抓頭說。

「其實，前一個女友，我也跟她生了一個孩子。」

「什麼？你又讓她生了？」律師下巴快掉了下來。

「哎呀，律師你不要笑啦。因為懷了那個孩子，我本來要娶她。雖然我知道她父母親本來就對我不太滿意，嫌我工作不夠好，賺得不夠多。只是沒想到我誠心誠意跟朋友借了台賓士，買了金飾，帶著我媽去她家提親，最後竟然遭她父母冷嘲熱諷。酸我先有經濟基礎再來娶他女兒，我當場實在很沒面子，自己丟臉就算了，也害我媽一大把年紀，還被別人羞辱。於是，我就打定主意跟她分手，孩子我也沒再管了。」

「結果呢？」律師問。

「結果就是過了兩年，孩子生下來，現在卻用那孩子的名義對我提起訴訟，要我認領這個孩子，還要我付扶養費。我可以拒絕嗎？」

「你是要否認這個孩子是你的？」

「沒有啊，我知道這個孩子是我的，看照片也知道跟我小時候一個樣。難道我還可以否認嗎？」

「你否認的話，對方可能會提出當時你們交往的所有證據，也可以請法院命你去做DNA鑑定。如果你拒絕的話，法院可以斟酌職權調查的一切情形，還是確認你是孩子的父親。」

「這樣啊，可是我經濟真的有點吃緊耶。」

「這個嘛，可能只能去向法院說明，你足跡遍布全台，生太多個，壓力沉重，請法院判你負擔少一點囉。」

「律師，怎麼覺得你在挖苦我啊？」

「被你聽出來了？至少你今天諮詢費付得很值得啊。你一個人的故事就可以當法律系一學期民法親屬篇的教科書了耶！」

「律師，你這樣講，我是該哭還是該笑啊？」

TAKEAWAY
法律重點

誰是母親基本上不會有問題，問題是：父親是誰？

一般在婚姻存續中生育子女，基本上都不會有問題。但若生孩子是在「改朝換代」的時候，也就是說，當前後兩段婚姻，時間上離得比較近時，這時法律上的父親可能就會出現問題。

民法

第一〇六一條　稱婚生子女者，謂由婚姻關係受胎而生之子女。

第一〇六二條　從子女出生日回溯第一百八十一日起至第三百零二日止，為受胎期間。能證明受胎回溯在前項第一百八十一日以內或第三百零二日以前者，以其期間為受胎期間。

第一〇六三條　妻之受胎，係在婚姻關係存續中者，推定其所生子女為婚生子女。

前項推定，夫妻之一方或子女能證明子女非為婚生子女者，得提起否認之訴。前項否認之訴，夫妻之一方自知悉該子女非為婚生子女，或子女自知悉其非為婚生子女之時起二年內為之。但子女於未成年時知悉者，仍得於成年後二年內為之。

第一〇六四條　非婚生子女，其生父與生母結婚者，視為婚生子女。

這幾則條文，**就是民法上的婚生推定制度。在婚姻關係中受胎，是婚生子女，或是以出生日回溯第一八一天至三〇二天這段期間為受胎期間，受胎期間有婚姻關係也能夠被推定是婚生子女，那父親就是有婚姻關係的那位配偶。**但問題是，有時生父真的不是那位配偶怎麼辦？法律上也不能讓真正的生父就直接「突破」已推定的親子關係來認領，所以這時候**只能等待母親或子女，提出否認生父之訴訟，等到法院確認兩人並無親子關係後，才輪到真正生父出場進行認領。**

子女或生母有向生父提出認領訴訟的權利

沒有婚姻關係或不受婚生推定的子女，有沒有受到生父照顧的權利？從聯合國兒童權利公約或是未成年子女最佳利益的觀點，答案應該是肯定的。那要怎麼讓子女認祖歸宗呢？

民法

第一〇六五條　非婚生子女經生父認領者，視為婚生子女。其經生父撫育者，視為認領。

非婚生子女與其生母之關係，視為婚生子女，無須認領。

第一〇六六條　非婚生子女或其生母，對於生父之認領，得否認之。

第一〇六七條　有事實足認其為非婚生子女之生父者，非婚生子女或其生母或其他法定代理人，得向生父提起認領之訴。

前項認領之訴，於生父死亡後，得向生父之繼承人為之。生父無繼承人者，得向社會福利主管機關為之。

關於「認領」，指的是有血緣關係的生父，對「非婚生子女」形成法律上親子關係的法律程序。一般大家常把「收養」跟「認領」混為一談，也常有人說「領養」（可不是在夜市逛寵物店），不過，通常是誤用在收養的情況（收養指的是收養沒有血緣關係的子女，請參考 p.268 收養）。話說回來，有主動願意出來負責任的人，其實對子女而言是利多於弊，至少多了一個人能扶養。但是有些人就是不肯負責任，因此法律上賦予了子女或是生母，得向生父提出認領訴訟的權利。

但是出現「錯誤的認領」，怎麼辦？**所謂的「錯誤的認領」就是單純有撫育的事實，也去戶政事務所辦理了認領手續，但事後發現沒有血緣關係，這時候就需要把錯誤的認領、非基於真實血緣關係的認領動作撤銷，需要法院的判決，只能到法院提出訴訟了。**

子女是否成年是影響鑑定與否的關鍵

那到底能不能逼別人去做血緣的鑑定？依照家事事件法第六十八條：

未成年子女為當事人之親子關係事件，就血緣關係存否有爭執，法院認有必要時，得依聲請或依職權命當事人或關係人限期接受血型、去氧核醣核酸或其他醫學上之檢驗。但為聲請之當事人應釋明有事實足以懷疑血緣關係存否者，始得為之。

命為前項之檢驗，應依醫學上認可之程序及方法行之，並應注意受檢驗人之身體、健康及名譽。

法院為第一項裁定前，應使當事人或關係人有陳述意見之機會。

過去，這部分是很模糊的程序問題，但是家事事件法確立了這樣的規則：**如果牽涉到當事人子女尚未成年的事件，法院可以命當事人限期去接受血緣的鑑定**。另一方面，**如果子女都成年了，基於對人格權的尊重以及法律關係安定性考量**（都已經認定是父子關係超過二十年，相關人的財產、非財產關係也都因此而生，再去做根本性的翻轉，恐有害已經安定的法律關係），**法院就不可以命令當事人前去鑑定血緣了**。

但拒絕法院血緣鑑定的命令，難道就一定不會被認為是生父嗎？

答案是「不一定」。實務上，有人主張應該就依照「證明妨礙」的法理，直接往不利事實的方向去推定。但家事事件畢竟有職權調查的精神，法院應該斟酌一切情形（法律上用語叫做「全辯論意旨」），綜合過去交往與生活的證據、經驗法則來判斷。不過，拒絕鑑定在實務上，在法官心中難免會造成一定程度的印象就是了。

對峙

孩子不想跟他走，我有什麼辦法？

【探視權與探視未成年子女之協力義務】

「不要、不要，我不要去！」小男孩哭叫著。

媽媽嘆口氣說：「就跟你說過了，他不想去你那邊，我有什麼辦法？」

爸爸的雙手垂下，換了一種語氣說：「那我們今天要在這邊僵到何時？還是要我硬把他扛走？」

週五下午，滑鼠已經點向螢幕上關機鍵的前一刻，助理走了進來，手裡拿著一只白色的紙袋：「律師，有信。」

有股不祥的預感。

「不要，不要，我不要去爸爸那邊！」

果然，又收到一封書狀跟光碟，這已經是這兩個月收到同一間律師事務所、同一個對造所寄來的第五封書狀了。

書狀的內容大同小異，都在描述這兩個月來，那名三歲大的小男孩怎麼樣都不願意跟對造律師的當事人——也就是小男孩的爸爸，在約定好的會面交往時間一起離開。

光碟影片畫面中，只見小男孩抓住母親的大腿，極力反抗、哭泣。

「不要，不要，我不要去爸爸那邊！」

媽媽雙手在胸前交叉：「你不想去，不要跟我講，你自己去跟爸爸說啊！」

爸爸則一手拿著玩具，一手拿著動物園地圖，對著男孩說：「來啊，今天跟爸爸去動物園玩好不好嘛！我也會帶你去喝最喜歡的汽水喔！」

「你不要這樣誘拐他，我們在家都沒給他喝汽水。」媽媽仍然沒有要協助解決這尷尬局面的意思。

「不然你要我怎麼辦？法院的裁定就說我這禮拜可以帶走，上次你已經違反約定，不給我帶走了。」

「不要、不要，我不要去！」小男孩繼續哭叫著，眼淚簌簌地流下來。

媽媽：「就跟你說過了，他不想去你那邊，我有什麼辦法？」

爸爸的雙手垂下，換了一種語氣說：「那我們今天要在這邊僵到什麼時候？還是要我硬把他扛走？」

「你敢？我可以告你妨害自由喔。」媽媽微慍說道。

「什麼妨害自由啊，我根據法院的裁判帶小孩有什麼問題？是妳不願意承認他在我那邊玩得有多開心！」爸爸也不甘示弱。

看到這邊，律師按下退出光碟鍵，中斷影片的播放，想起前陣子一則新聞報導：

某女子到前夫住處接四名未成年子女會面時，子女都拒絕上車，甚至還躺在地上「抵抗」。某女溝通甚久無效，與同行的兩名未成年姪女合力將四人又拉又抱上車，造成兩名女兒手腳瘀青或破皮。前夫提告，檢察官依違反兒童及少年福利及權益保障法和刑法傷害、強制罪起訴。但法官認為某女並非故意犯罪，且難認定孩子受傷是她的過失，判她無罪。檢方指孩子不是父母的財產，就算行使探視權也不能使用暴力，提起上訴。

二審法院參考歐洲人權法院認為，應考量未成年子女遭離間的可能性。某女離婚後，女兒指母親不照顧她們等負面言詞，不排除受父親或他人離間。某女與子女「對峙」時，前夫與家人袖手旁觀，未鼓勵子女與某女外出，已使陳女探視子女權利受損，仍判無罪。

阻撓會面交往，可能會因此輸掉親權官司

他隱約覺得，這則報導和手邊這個案子的當事人十分雷同。再這樣一直出現爸爸會面交往不順利的情況，原本十拿九穩的親權官司也可能輸掉，特別是在對方其實沒有展現非常

大的動力去爭取親權的狀況下，輸掉這場親權官司，恐怕會讓自己非常不甘。

哪個律師喜歡輸的感覺呢？有些只是麻木罷了。

當事人其實不只一次告訴律師：她就是等著看爸爸面對小孩子沒意願跟他走的狀況，會不會知難而退，就放棄爭取親權，或是放棄未來跟孩子的會面交往權利。這位母親想做的就是袖手旁觀而已，法院的裁定可沒說她一定要幫忙讓他順利帶走孩子，更何況，孩子自己的意願這麼明顯了，不願意就是不願意，為何要一再強迫？母親看孩子這麼痛苦，自己也難過。

律師打定主意要好好跟自己的當事人再溝通，甚至打算把「官司可能輸掉」都拿來告誡當事人，但他也明白，這些話一向是這類型案件中，當事人最不能接受的，也可能讓自己失去這次當事人的信任。

也許孩子的淚水跟排斥的態度，只是一種偽裝，你永遠不知道孩子上了對方的車，到了對方家裡，瞬間根本破涕為笑。孩子只是在交付的過程中，感受到你對對方的排斥跟敵意，覺得自己也該跟你同一陣線，所以演出你可能想看的「宣示效忠劇碼」；也是因為愛你，孩子才想要為你這麼做。

也許，我們應該換個角度幫孩子卸下心頭的重擔，向對方展現真正的善意。真心誠意地鼓勵孩子：『就去吧！媽咪支持你，希望你去爸比那邊開開心心的，媽咪會在這裡等你回來。』這些話，不是為了官司輸贏，只是為了讓孩子能夠安心而已。

打開手機，律師找到自己的當事人，也就是這位媽媽的電話，按下撥通鍵。嘟嘟聲響起的同時，他想起初出道時，那位跟他說別讓案子影響自己私人生活的老律師的話，越想越覺得這句話對家事律師來說根本不適用吧！

TAKEAWAY 法律重點

什麼是會面交往？

會面交往是指子女有與未任親權的一方父母（或雖然共同監護，但未擔任主要照顧者的一方父母）自由自在地保持聯繫和互動，而不被另一方父母干涉或破壞的權利，也就是俗稱的「探視權」。

民法第一〇五五條第五項規定：

法院得依請求或依職權，為未行使或負擔權利義務之一方酌定其與未成年子女會面交往之方式與期間。但其會面交往有妨害子女之利益者，法院得依請求或依職權變更之。

這就是民法賦予未行使親權一方（或是共同親權中未同住者），仍可以與未成年子女進行會面交往，並且維繫親情的法律依據。也是父母離異後，基於子女對父母孺慕之情、父母對子女愛護親近天性的人倫需求，所必然具備的法規範。

會面交往可以規定出詳細的期間，讓子女與兩方都有規則可以遵循。例如：每個月的一、三、五週或是二、四週；過夜或不過夜；週間能不能挑一天吃晚飯等等。父親節、母親節、孩子生日或寒暑假等特殊節日，也可以另外討論安排。

子女定期讓未同住或未任親權一方探視，除了維繫親情之外，也是給「在野黨」一個監督「執政黨」有無妥善行使親權、善盡保護教養的機會。如果親權人或同住方做得實在不怎麼樣，也有「換黨做看看」的可能，也就是所謂的改定親權。

排斥父母一方的疏離症候群

在離婚或父母分居等狀況，如果父母無法達成會面交往方式的協議，子女常有與父母一方很長一段時間不能同住，直到父母一方經由法院裁判或調解，才爭取到固定會面交往的方式。這時候，當後續執行會面交往權利時，與父或母其中一方很久不見的子女，往往產生抵抗與拒絕會面的情形。

這種情況稱為「**父母親疏離症候群**」（Richard Gardner），尤其是指伴隨著親權爭奪**而常出現的一種心理障礙，此種心理障礙反映在孩子無故表現出抗拒父親或母親的態度與行為**。而這種行為有部分案例來自於父母一方的打壓或洗腦，但有部分案例則不然，即便不一定教導子女要去憎恨或排斥另一方，孩子也可能自發性出現這種抗拒的態度。

孩子忠誠衝突的心理防衛機制

孩子出現排斥的態度，在心理上是一種對自己的保護機制，功能在於使精神不受到傷害。也就是說，**當孩子在無力停止父母間的爭吵與衝突時，可能選擇和其中一個父母結盟的方式，去排斥另一個父母，很多時候這種選擇是在無意識下發生的**（Saposneck）。孩子這麼做的時候，為的是不讓自己在忠誠度衝突的漩渦裡淪陷，也會因此強烈排斥父親或母親的會面交往。

有時候，孩子在與父母另一方探視之前，他們的心境會變得非常急躁不安，甚至容易動怒。然而，父母雙方的想法，都不是立於孩子的角度來思考。

親權方、探視方與孩子的想法

親權行使者或主要照顧者的想法	孩子知道真相，知道他的爸爸／媽媽有多壞，所以孩子不應該跟對方接觸。而且每次孩子會面完後，情緒都變得很不好，要過好幾天才能恢復正常。所以，與另一方會面交往的規定實在是太傷害孩子了。
探視的父母一方的想法	對方灌輸孩子反抗我的思想，監護權必須要改定給我，才能阻止這樣的抹黑跟洗腦。孩子剛來這裡時，確實比較緊張、易怒，但後來找到方法平復他的心情或轉移注意力後，會變得比較穩定，也能和我共度一段快樂的時光。但是當探視的時間快要結束時，孩子壓力越來越大，變得不想回家，想待在這裡。等到他該離開的時候，他的心情又再度跌到谷底而且變得相當惱怒。
孩子真正的想法	我很愛爸爸和媽媽，但爸媽不允許我同時愛他們兩個，所以我必須和其中一位結盟，並避免與另一位接觸，而且要很恨他／她，恨的程度必須像我結盟的那位父母親一樣。

雙親離異的孩子，永遠比其他家庭的孩子，提早學習著察言觀色。他們折衝在兩個不同的家庭環境之間，必須盡力去適應父母雙方。在心中，他反覆折磨著自己，認為假如他覺得自己喜歡的是父親而不是母親，似乎就背叛了母親；反之亦然。如此的心理解決方式，或許很難以想像，但孩子會認為，自己至少不會同時失去父母親。

排斥的態度不一定是來自洗腦

七、八歲以前的孩子，很難有和他們所依賴的父母不同的想法，孩子會被迫去接納陪同生活的父母一方，因此另一方總認為，孩子之所以會如此，是因為對方不斷給予孩子負面的觀念。

但很多時候，不待洗腦，孩子可能開始主動隱藏事情真相，會在不造成任何罪惡感的情況下撒點小謊，以迎合父母親喜歡聽到的話。例如：另一方父母親的家一點都不好玩，飯菜很難吃等等。但父母都認為自己的孩子不會說謊，於是開始認為對方真的對孩子不好。因此，常常會因誤會而出現父母雙方互相指控，並衍生巨大衝突。

要父母承認自己的孩子在情急時會說謊的事實，是相當困難的。但釐清孩子在這樣的狀況下會遭遇的困境，以及明白造成孩子異常行為背後的真正原因，或許能讓一些父母親如釋重負。

孩子會出現排拒他方的症候群，大部分原因出在父母間的敵意與對峙。父母之間爭執態勢越明顯，以及雙方準備溝通的意願越低，通常與孩子的會面往來會越困難，因為孩子就如同「游擊隊」般，往返於兩個互相「敵對」的世界。

父母對探視的正確心態與協力義務

因此，遭受父母離異之苦的孩子年紀越小，越需要感覺到父母一方並非只是「允許或不反對他們與另一方見面」，而且要支持跟鼓勵他們進行會面交往。

（以下用媽媽當親權行使者舉例說明）

因此，除了用言語以外，應該還要讓孩子真正打從心裡覺得：媽媽認為我跟爸爸見面是一件正確的、很重要的事，並且會大力支持。因為孩子還無法跳脫以下的思考：「假如媽媽根本不想再見到爸爸，那爸爸就是壞人。可是我去看爸爸，而且跟他過得很開心，那麼，爸爸就是好爸爸。那媽媽對爸爸的看法不就是錯的？」這種認知上的衝突，已完全超過孩子的理解範圍。

所以，如果媽媽能跟孩子解釋：「爸爸跟媽媽因為時常吵架與爭執，所以兩人不得不分開；但爸爸是一個好爸爸（姑且無論媽媽是否百分之百這麼認為），而且也永遠是你的爸爸，就好像我是個好媽媽一樣。」

當媽媽這麼做時，**便是對孩子釋放出訊息：原來媽媽與爸爸之間關係雖然惡劣必須結束，爸爸仍然可以是一個好爸爸，媽媽可以對爸爸的作為給予公允評價，不一定因為關係不好就做出非黑即白的判斷，而是找到一個平衡點，這讓孩子容易找到調和他們原本兩極化認知的方法。**

孩子的行為表現與真實意願不見得一致

回到最初的案例，當孩子又哭又鬧，同住父母在此時只是睜隻眼閉隻眼，抱持著看好戲的心態，平常再嚴厲管教，此時也縱容孩子任性地在地上打滾。

其實父母親應該理解，**孩子在這種情況下，不一定是表現出真實意願，有可能只是在**

一方面前展現忠誠度而已。孩子都比我們想得精明，懂得最大化自己在父母之間生活的利益，這是與生俱來的求生本能，他們怎麼可能不渴望兩邊父母都對他好？因此，孩子在雙方都在場的情況下拒絕，其實只是一種自我保護罷了。

父母應該明確讓孩子知道，自己支持他與對方會面交往，才能幫助孩子卸下壓力，不用夾在父母雙方的衝突之中。這是立於未成年子女最佳利益之下的友善父母原則，所能推導出來的、不明文的協力義務。

父母離異後，法院有必要基於未成年子女最佳利益，幫他們與未任親權方或未同住者安排穩定且適當的會面交往方式。

責任

在我三十三歲的人生裡，「父親」這個名詞對我不具有任何意義……

【扶養義務的減免】

今天既然他來了，也不知道他聽不聽得懂。我哥哥有句話交代我對他說：「父親，在那年冬天，你離開我們母子的時候，在我們心裡就已經死了。」她的眼淚此時終於決堤……

法庭上，法官問她：「對面這是妳父親。妳認得嗎？」

坐在對面衣衫襤褸的老人，眼神渙散，鬍子像是幾天沒刮，坐在一位社工人員推著的輪椅上。

她一臉狐疑地望向坐在旁邊的弟弟，接著轉身對法官搖搖頭說：「法官，老實說，在我三十三歲的人生裡，『父親』這個名詞，對我不具有任何意義……」

「自我有記憶以來，都沒有看過對面這位先生。當初『父親』離開家時，我大概只有兩、三歲，弟弟當時更只是嬰兒，又怎麼會對他有印象呢？」

「妳哥哥呢？」法官問。

「依照法院的通知單，我哥哥也是被告。在這裡我也向您坦承，他現在是一家上市公司的CEO，恰巧今天有重要會議，無法前來，所以寫了委任狀給我。他大概是我們三個之中，唯一對爸爸有印象的人。法官，你想聽他怎麼說嗎？」她說。

「好，他記憶中的父親，是什麼樣的人呢？」法官問。

「我哥說，那時他大概六、七歲。這個男人每次回來就把我媽辛苦去市場賣菜賺來的錢拿個精光，我媽跪在地上求他，他才丟下幾塊錢，算是給我弟買奶粉。我媽經過幾次這樣的經驗，不堪其擾之下，就把錢藏在櫥櫃裡。結果，他回來要不到錢，就開始對我媽拳打腳踢，然後在家裡翻箱倒櫃，任何值錢的東西都被他拿去換錢。我長大以後聽我媽說，當時應該都拿去換毒品了。」

「後來呢？」法官問。

「我媽不知道什麼時候跟他辦好離婚的，大概一辦好離婚，就帶著我們三個孩子連夜搬走，搬到離媽媽娘家不遠的一個地方，我們不敢直接搬回媽媽娘家，因為他會去娘家找。

從小，我們就過著一大早偷偷從後門進外婆家吃飯的生活。哥哥九歲跟著媽媽去市場賣菜，一路憑著唸公立學校、拿獎學金的好成績，最後考上國立大學電機系。我則是七、八歲就幫著做家庭代工，像聖誕節燈泡之類的，寒暑假打工對我們來說，是家常便飯。我們家的小孩從來沒有放假在家看電視、玩耍這種命。上了大學後，每個學期兼兩份打工是最基本的。

可以說，我們是媽媽跟外婆含辛茹苦拉拔大的，不管是那個男人，或是他那邊的親人，跟我們的長成，連些微的關聯都沒有。」

法官長長嘆了口氣，像是用盡最後的努力問：

「我知道也許這位先生過去沒有盡到當父親的責任，但現在他罹患老人癡呆症、糖尿病、多重器官功能退化，生活無法自理，聲請你們負擔他的扶養費，尤其像你哥哥經濟狀況這麼優渥，難道就最基本、最微薄的一點人性道義考量，也不願意支付一些嗎？」

「今天既然他來了，也不知道他聽得懂、聽不懂，我哥哥有句話交代我對他說：『在那年冬天，你離開我們母子的時候，父親在我們心裡就已經死了。』」

此時，她的眼淚終於潰堤……

TAKEAWAY
法律重點

關於「扶養義務」，法律都有明文規定

實務上常見一些流落街頭或無法自理生活的老人，被社會局安置後，由社會局依照老人福利法，向老人之子女請求償還安置費用，甚至可以強制執行子女的財產。

也有案例是，以老人本身的名義對子女請求扶養費，能否得到扶養費是其次，因為一些積欠安養中心的費用，需要先經過法院判決確定子女不需扶養之後，才能由安養中心以判決為依據，申請到相關社會補助或救濟金。

但關於子女對父母親的扶養義務，無論父母親在過去多麼不盡家庭責任、毫無音訊、毫無付出，子女一概都需要負擔父母親老病時的一切義務嗎？要回答這一題，我們需要瞭解二〇一〇年一月二十七日所增訂的民法第一一一八條之一規定：

受扶養權利者有下列情形之一，由負扶養義務者負擔扶養義務顯失公平；負扶養義務者得請求法院減輕其扶養義務：

一、對負扶養義務者、其配偶或直系血親故意為虐待、重大侮辱或其他身體、精神上之不法侵害行為。

二、對負扶養義務者無正當理由未盡扶養義務。

受扶養權利者對負扶養義務者有前項各款行為之一，且情節重大者，法院得免除其扶養義務。

前二項規定，受扶養權利者為負扶養義務者之未成年直系血親卑親屬者，不適用之。

另外，「直系血親相互間互負扶養之義務，受扶養權利者，以不能維持生活而無謀生能力者為限。前項無謀生能力之限制，於直系血親尊親屬不適用之」民法第一一一四條第一款、第一一一七條也分別定有明文。

子女對父母有「生活保持義務」

所謂「不能維持生活」是指，不能以自己財產及勞力所得，維持自己的生活。而所謂的「無謀生能力」，並不是指完全無工作能力；如果有工作能力，卻不能期待其工作（像是剛從大學畢業，正準備繼續就讀研究所的學生），或因社會經濟不景氣而失業，雖已盡相當之能事，仍不能找到工作者，法律上可以認為這些人有受扶養之權利。

然而，由於民法重視孝道，不管直系血親長輩有沒有謀生能力，子女對父母都有扶養義務。換句話說，子女對父母有「生活保持義務」，對於父母的基本生活需要，即使子女沒有餘力，也要犧牲自己的生活水準來扶養父母。

「情節重大者」則子女可免除扶養義務

但是，如果父母過去無正當理由對於子女未盡扶養義務而情節重大，則子女可以請求免除扶養義務。而若未達到所謂「情節重大」，像是：小學、國中時有支付過學費，很久沒見面，但偶爾還是有出面給個紅包壓歲錢，或曾經一段時間支付子女扶養費（不是全然未給過），**則子女恐怕無法請求完全免除，只能請求減輕扶養義務**。而實務上有法官認為：如果子女能證明自己沒有收入，例如：出家僧侶。因為僧侶沒有收入可免除，可以不用給付扶養費。

如像前述事例，父親過去不但對家計、子女沒有付出，甚至還危害了母親對於子女扶養的經濟基礎，則有可能被法院認定是「情節重大」而免除子女扶養義務。不過如果不能請求子女扶養，這樣的老人，只能仰賴社會救濟以及安置等機制來收容，說穿了，就是全民買單。

依法子女對父母有扶養義務。不過如果父母過去沒有付出、甚至還對子女有危害，則有可能透過法院判決免除扶養義務。

小手

叔叔，謝謝你讓我回到媽媽身邊！

【藏匿子女】

他帶走了孩子，但是冬天的衣物，他都沒拿。
孩子最喜歡的玩具跟故事書，他也都不知道，還放在原地，
我覺得孩子好可憐，一夜之間就跟平常朝夕相處、最瞭解他的人分開，
怎麼可能過得好？

在前往接孩子的路上，她手上握著一條已經編好的圍巾，那是在孩子三歲半時，就已經開始的工程，打算做為聖誕禮物。如今已經過了六個月，圍巾早已編好，但她已經忘記牽起孩子的小手是什麼感覺……

事發——

六個月前的那天上午，老公慫恿她去參加一個友人舉辦的社交派對，還貼心地在前一天幫忙把孩子送回公婆家，說是讓她安心參加活動。那天傍晚，活動結束，她雀躍地回家要跟老公、孩子分享活動結束所送的甜點，沒想到一進社區大門，經過警衛室時，警衛焦急地招手要她過去。

「什麼事啊？我現在大包小包的。」她說。

「太太，我跟妳講……妳……現在不用急著進家門了……」警衛似乎欲言又止。

「你在說什麼啊？」她對警衛急忙叫她過來，說起話來又賣關子感到困惑。

「今天中午，妳老公好像請了搬家公司，用一輛貨車把妳們家的東西都搬出去了。」

「哈哈，你開玩笑吧。」她雖笑著，但覺得警衛的笑話很難笑。

「真的，沒有騙妳啦。我也幫妳記下了車牌，妳自己進去看就知道了。」

她突然冒了一陣冷汗，想起上個月跟先生吵架的那幾晚。

她連忙拎起包包，衝回家，拿出鑰匙打開家門一看，發現房內傢俱幾乎被搬得一乾二淨，只剩下她的衣服、鞋子沒被動過，其他包括電視、電冰箱、熱水壺、沙發、床墊等都被搬走了。她連忙打電話、傳簡訊給先生，起初是不接，到當天深夜，她才得到一封簡訊：「孩子在我爸媽這裡，他很好，妳不用擔心。關於我們，我早就已經覺得走不下去了，請妳自己好好保重。」

剛開始，她發動親友聯絡，但碰到的都是一堵冷冰冰的鐵牆，他只以一句：「孩子很好。」搪塞過去，並要親友別管。她再怎麼天天發簡訊、寄電郵要求看孩子，先生都置若罔聞。也曾經到公婆南部家裡找過，但公婆拒絕透露孩子是否在家裡。執意要進去找，則被公婆擋在家門口，只能悻悻然離去。她也曾報警，警察問她要告什麼，她看過網路上有人寫過，這樣可能構成「略誘罪」，警察卻回答：「他也是孩子的親權行使者，略誘恐怕不會成立。」還跟她說，這應該是民事糾紛，建議她去法院解決。

暫時處分

她最後只好拜託友人介紹專辦家事法的律師。

律師說：「現在有很多議題要處理，但妳最在意的，應該是跟孩子能夠見面吧？」

「他帶走了孩子，但是冬天的衣物都沒拿。孩子最喜歡的玩具跟故事書，他也都不知道，還放在原地，我覺得孩子好可憐，一夜之間就跟平常朝夕相處、最瞭解他的人分開，怎麼可能過得好？」她聲淚俱下地說。

「那好吧，我先幫你聲請暫時處分好了。目標就是盡速看到孩子。」律師也說，因為對方已經提了離婚訴訟，所以暫時處分已經有可以依附的本案。

她只能完全相信律師。

暫時處分的庭期通知在兩週後送來，庭期訂的又是十天後，她已經跟孩子不得相見一個半月了。

暫時處分是由法官親自開庭。開庭時，法官問：

「對於聲請人聲請與子女會面交往的方案有什麼意見？能否讓她看孩子？」

「我覺得現階段不太適合，因為我與我妻子之間就離婚、財產的分配有很多歧見，我認為現在如果讓她跟孩子相見，對孩子來說不太好，也會讓孩子看到父母親之間的爭執。對孩子來說，是很不必要的情緒。」他回答。

「相對於大人，我不懂你們之間的爭執跟小孩子有什麼關係？要爭就找律師另外去爭，為什麼小孩子不能跟原本照顧他的母親一起住呢？為什麼就要被逼著去唸其他幼稚園呢？你的父母親年紀也大了，不可能幫你照顧孩子一輩子吧？」法官問。

「法官，我是覺得她有情緒問題，每次一生氣，就會拿家裡的杯盤或抱枕亂摔。孩子給她照顧，我很不放心，也擔心孩子會承受這種失控的情緒跟舉動。」他說。

「你說的是你跟她爭執的時候會有情緒吧？她有傷害過孩子嗎？你們都分開了，也沒什麼機會爭執了吧？你的擔心似乎多餘了。」法官說。

她的律師見縫插針：「報告庭上，過去三年半來，主要都是聲請人在照顧孩子的三餐、陪睡、帶去看醫生，我們這邊都有就診單據，本來也已經安排好在自家附近的幼稚園就讀，也都已經繳好註冊費了。如果過去聲請人負責子女的照顧有問題，那相對人為什麼不提出異議？而是把孩子藏起來以後，才說聲請人照顧子女會有問題？」

暫時處分的庭，就在法官似乎比較同情母親的氛圍下結束。由於先生那邊不願同意法官當庭調解的方向，法官略有慍色表示：兩造都應該去上法院安排的親職課程，學學什麼叫做「友善父母原則」、「未成年子女的最佳利益」，裁定會在一週內核發。

她去上了課，但沒看到對方。上課的諮商師一再強調，兒童有權利與父母任何一方自由相處，不受另一方父母干涉或破壞，也有權利與父母保持規律且持續性之接觸與相處。也說了孩子在父母親對峙、互相批評的氣氛下成長，容易產生情緒上的問題，演變成生理上的狀況，也可能在心理上欠缺安全感。

暫時處分的抗告與強制執行

一週後，暫時處分裁定出爐，法官裁定父親應將子女交還給母親，由母親跟子女同住，但父親在每個月的第一、三、五週能在週六上午將孩子接走同住到週日晚間再送回母親處。她喜極而泣，但律師告訴她，不要高興得太早，也需要看對方是否履行。

她寫簡訊詢問對方何時可以把孩子接過來，對方只回：「我已與律師研擬過，會提出抗告，一切請等裁定確定之後再談。」

她不敢相信。詢問律師該怎麼辦才好，律師告知：「原則上，暫時處分的抗告是不影響強制執行的，如果對方確定不願意履行，那也許就只能提起強制執行。」

她拿了暫時處分的裁定，由自己的父親陪同到了公婆家按門鈴，表示要帶走孩子。明明聽到孩子的聲音，但出來應門的婆婆硬說孩子不在。即使執意要進屋，婆婆也是不斷阻擋，公公還出來幫忙擋駕。過程中，婆婆好像磨破了皮，她手腕也扭傷了，最後公公拿出掃把，把她與父親趕回車上，一路大罵：「沒禮貌的傢伙，跑來人家家裡亂，法院裁判還沒確定就來鬧事，丟不丟臉！」最後，才在公公一陣拍打車玻璃下，狼狽離開。回家的路上，她不停啜泣，眼淚不斷滴落在那張裁定的紙上。

律師建議她提出強制執行。案子分到了司法事務官那邊處理。一週後，司法事務官發了請對方自動履行的公文，上頭寫著如果不自動履行，則科處怠金；也排定了調解期日。她很憤怒，問律師說：「為何都已經調解過了，對方也絕對不會讓步，還要我再去重新調解一次？」

律師回答她說：「交付子女的強制執行，一般來說，民事執行處處理起來會很慎重，因為他們不希望隨便就科人怠金，而且他們也絕少直接去把子女帶出來，這是最逼不得已的情況下，才可能祭出的方式。所以，這個調解應該就是確認一下對方是否確實不履行，再看看雙方有無意願，自己協議見面的方式。」

她問：「那一般會怎麼強制執行？」

「通常就是會看對方是否確實不自動履行，不履行的話，就處以怠金，三萬元起跳。如果還是不遵守，就可能再罰，這叫做『間接執行』。如果間接執行幾次沒用，才可能採取『直接執行』的方式，就是司法事務官自己到場，且加派警察維持秩序，並通知社工或老師到現場，協助安撫子女情緒。但我只能說，直接執行對孩子來說實在不好，孩子會感受到那種劍拔弩張的氣氛，恐怕會造成他一輩子難以抹滅的傷害。」律師說。

於是，她聽了律師的建議，乖乖前往調解。調解過程中，對方一再表示：「子女已經不想跟媽媽碰面，每次問他都說不要，一說到媽媽要來家裡接他，他就哭著不願意出門。」

「針對暫時處分已經提起抗告，認為本件應該停止執行。」

司法事務官於是要求雙方先到市區一家速食餐廳去跟子女會面，並視子女的意願，讓她帶回去會面交往，並且做成執行筆錄。

她當場無法拒絕司法事務官的要求，只好配合。過了一個禮拜，來到約定的那家速食餐廳，當她跟外公外婆一接近孩子，爸爸就把兒子抱起來，兒子於是嚎啕大哭，他不斷問：「你真的要跟媽媽走嗎？」兒子哭著說：「不要。」爸爸再問：「那我們就先回家好不好？」她伸出手想去抱兒子，卻被孩子的爸一手推開。

她提出異議：「事務官要求我們今天進行交付。你這樣是什麼意思？」他說：「誰跟妳說今天要交付？今天只是讓兒子來認識你們而已，你已經看到了，兒子不想跟你們走。感情要慢慢培養啊。」說著說著就帶著兒子往樓下走了。她再將這天的錄影、譯文等證據交給律師，律師幫她陳報給法院後，過了一週，司法事務官裁處了對方三萬元的怠金，要對方限期履行。

又過了一週，她收到了婆婆對她提起傷害罪告訴的刑事傳票。男方也對怠金的部分不服，對司法事務官聲明異議。司法事務官再要求她直接到公婆家中去接小孩，她也照做了，不過這次不敢再闖門，只按了門鈴，但在門口說要來接兒子時，就被公公大聲斥責後只好離去。再次向司法事務官陳報，再被拒絕的經過。而這次她已經不再哭了，取而代之的，是苦笑。

在暫時處分的抗告被駁回的同時，司法事務官也裁處了第二次的怠金六萬元。

過了兩天，她收到對方寄來一封簡訊，要她兩天後，也就是跟孩子分開剛好滿六個月的日子，到他公司附近接回孩子。她帶著織給孩子的圍巾跟一些這個年紀男孩會喜歡的玩具過去，他對她沒說什麼，只蹲下來跟孩子說了幾句話，就把孩子往媽媽這邊推。只是不知為何，此時此刻，她似乎無法照著在心中預演過無數次的場景——將孩子一把抱起。她只是緩緩伸出一隻手，問孩子：「媽媽可以跟你牽手嗎？」孩子有點怯生生，約過了五秒，才慢慢伸出手，還回頭看了父親一眼。

「沒關係的，你很快就會跟爸爸再見面。」她說。

兩個月後

她帶著四歲的男孩蹦蹦跳跳來到律師事務所。

律師對媽媽說：「我在狀子上寫他寫了五個多月，也看過很多照片，好像已經不是陌生人了。我完全感受不到妳跟他曾分開過半年，走進來時，我覺得你們一直就住在一起。」

她開口謝過律師，然後轉身對孩子微笑說：「你不是有話要跟叔叔說嗎？」

男孩開口說：「叔叔，謝謝你讓我回到媽媽身邊。」

律師彎下身子說：「不客氣啦。來，叔叔這邊有蒐集很多 TOMICA 小車車喔，你要不要選一台，叔叔送給你。」他高興地說好，並且說以後要再來找叔叔玩。

律師心中頓時感覺到五個月以來的壓力、當時的不愉快，好像已經是很久以前的事。也許很快就不復記憶了吧，他想。現在就好像是幫當事人找回圓滿的一角。一路走來，一起幫當事人擔憂的、煩惱的，痛苦時幫忙安慰的，開庭時一起承擔對方各種訴訟手段的，都在這一刻，孩子的一句謝謝，皺摺被撫平了。

律師想，當事人牽著孩子離開時，那抹依稀閃著淚光的笑容，就是自己能繼續走下去的原因。

TAKEAWAY 法律重點

先搶先贏——把孩子帶走，孩子就會是我的？

離婚時關於年幼的未成年子女（特別是嬰兒至五、六歲幼兒的階段）的同住與會面安排，一直是離婚案件中最棘手的一塊。孩子不是所有物，不能你分一半我分一半，一方全取就會造成一方全無。又偏偏彼此都很難克制先下手為強的想法，覺得先造成主要照顧者的既定事實，又或聽說可以增加孩子跟自己的依附性，有助於訪視報告偏向自己，更有些人有傳宗接代、延續香火的觀念作祟。有時甚至跟上一代祖父祖母給的壓力有關，所以就產生了「搶小孩」的戲碼。

父母以為搶到了子女，法庭上堅持單獨監護，就沒問題了。事實上，問題可大了。首先，**「藏匿子女」在法院眼中看起來像是：藏匿該方有著「不願意與他方共享親權」**、

「**片面限縮未成年子女與另一位父母親會面交往的權利**」的傾向。若讓這位藏匿子女的父母擔任單獨親權人或是共同親權人中的主要照顧者，這位父母有辦法維護未成年子女的最佳利益嗎？未成年子女之最佳利益通常包含著有與雙邊父母自由相處交往的權利，因此，有過藏匿子女歷史之父母，在爭取親權時，這段歷史會是一項負面扣分因素。

再者，我們從比較現實的角度來看，除非子女就讀幼兒園，幼兒園註冊不需要依附學區，藏匿一方還可能「移置」孩子到對方不知道的地方。如果孩子已經上小學，需要依照戶籍入學，藏匿一方能長久不讓孩子去上學嗎？即便轉學，在尚未酌定親權由一方擔任的時候，轉學也需要雙方父母親的同意。所以，當另一方知道孩子在哪所學校就讀時，就可以到學校去尋找或探視孩子，如此一來，一時的藏匿又怎麼能「高枕無憂」呢？

有一天，終究還是得讓對方跟孩子建立關係，而交付子女需要彼此之間的信任，但這信任感如果在搶孩子、藏孩子的過程中就被消磨殆盡，也會層出不窮地發生暫時處分、保護令、傷害、略誘等衍生訴訟，而這些訴訟再度強化惡性循環，侵蝕彼此的信任。

在孩子到不用進行會面交往的年紀前還有很長的路，要在孩子生命中完全抹除對方的存在是不實際也不正義的事，孩子長大後真的欣賞你為他做的這個決定嗎？假如我們真能探求到孩子真實意願，給他一張白紙，一盒蠟筆，請他畫出心中想的家的樣子，他們會畫出藍天白雲、一棟小房子前，爸爸、媽媽和他，手牽手的景象。

父母爭奪之下的孩子

父母彼此所不知道的是：子女夾在中間，心理上需要選邊站才能迴避這種衝突，內心的忠誠度小劇場遇到了嚴重考驗，而且**孩子原本對家的安全與信任感完全被打破，於是需要在學校課業上或是其他行為上故意犯錯，去吸引大人的注意或反應自己的不滿。就這樣，家事法庭沒能解決的事，會流轉到少年法庭繼續處理。**

法律程序的救濟與執行漫長且耗費成本，準備離婚的父母親，你們選擇哪一條道路？是否能理性且信任對方，把婚姻中對他方的不滿，與子女與兩方父母交往的利益分開看待？還是寧願像上述例子一樣爭訟？對他方的各種不信任，造成情緒多於理智的話語，但不能否認的，不管是父親或母親，對方也能幫孩子補上自己欠缺面向的親職能力，給予孩子多元的影響。也許再想一想，在離異時的最初，對子女的生活能秉持善意與公平去安排，就能減少子女捲入更多的內心衝突，也避免衍生更多紛爭。

手段

律師，我看不到小孩怎麼辦？

【暫時處分】

一旦夫妻鬧分居、準備離婚，勢必難以同住在一個屋簷下。

而小孩呢？當然不能像所羅門王的考驗一刀劈下，一人一半……

場景一

「律師，她就這樣帶著小孩一走了之，也不讓我看小孩，說有話上法院說，這樣難道不是綁架小孩？」

※

「律師，我這樣可不可以告她略誘？為什麼報警，警察卻叫我民事提告？這麼急的事情，警察怎麼會無法處理？民事提告來得及嗎？」

※

「律師，我還沒決定好是否離婚，我非得要提離婚訴訟，才能決定親權跟探視方案嗎？難道沒有辦法讓我先能看到小孩嗎？」

場景二

「律師，他打我，把我趕出家門，我只能把孩子帶到娘家。但他每天都傳簡訊來煩，說要看小孩，我該怎麼辦？」

※

「律師，法院開庭還要一個月後，但最近他常跑到學校去看小孩，孩子說覺得爸爸很奇怪，有辦法限制他看小孩的時間嗎？」

※

「律師，他每週週末都說要把孩子帶回去給他爸媽看。但我也有爸媽，難道週末我都不能拒絕他嗎？週末我也想陪小孩玩啊……」

※

「律師，法院調解調了好幾次，都三個月了，他都沒給我孩子扶養費，我也請了育嬰假，沒有收入，有什麼方法可以讓他先支付這幾個月的扶養費？」

TAKEAWAY 法律重點

一旦夫妻鬧分居、準備離婚，勢必難以同住在一個屋簷下。小孩呢？當然不能像所羅門王的考驗，一刀劈下，每人各半。不僅是大人有與子女相處的權利，子女也有渴望與父母另一方相見或受照顧的需求。

因此，在離婚訴訟中的親權（過去稱監護權）判定確定前，夫妻雙方勢必得有一套暫時性「探視子女」或「與子女同住相處」的遊戲規則。而這套遊戲規則，求的是時效，在終局裁判之前，先解決眼前的問題。以下將說明暫時處分中，我們應具備的基本知識。

Q：暫時處分是什麼？

A：在家事事件中，有一些如果不暫時獲得處理，將會蒙受無法回復或難以回復的損害，像是離婚或親權訴訟動輒曠日廢時，經過一、二審，甚至三審的審理。案件確定時，也許子女已經長大了兩、三歲，跟子女相處的機會稍縱即逝。所以，在一方阻撓探視、剝奪他方與子女會面交往的情形，暫時處分也許是你的救命稻草。

Q：警察為何無法處理阻撓探視的情形？

A：被阻撓探視，很多人直覺上會找警察，但由於雙方還沒有離婚，都是子女的親權行使者，帶走孩子的一方，在法律上仍然是合法行使親權，警察只能備案做個筆錄，並沒有權限阻止對方帶走孩子，因此，警察都會請民眾儘速民事提告以保障權利。而民事提告一定要考慮暫時處分的聲請。至於刑法上的略誘，是指施用強暴脅迫手段或以詐欺方法，將被誘人置於自己實力支配下。如果沒有用強暴脅迫或詐欺，只是單純把孩子帶走到另一個處所生活，要構成略誘，有一定難度。

Q：暫時處分可以單獨提出聲請嗎？要不要先提別的訴訟？以法律用語來說，就是聲請是否需要有本案（真正的請求事件）繫屬？

A：是的，如果沒有，聲請會被駁回。舉例來說，請求定暫時之子女會面交往，如果不是已經提出離婚合併酌定親權事件或改定親權事件的話，就會被駁回。而如果一方不想離婚，只想先暫定與子女的會面交往方式，怎麼辦？這時候可以考慮提「履行同居義務之訴」，或是民法第一〇八九條之一規定，當父母不繼續共同生活達六個月以上時，請求法院酌定未成年子女之親權。

Q：暫時處分要繳裁判費嗎？

A：不用。只是需要有本訴。但部分實務界也詬病這樣的規定，造成暫時處分的提起過於氾濫。但其立法的出發點，應該就是在拯救一些權利亟需被保護的當事人吧！

Q：暫時處分大概多久會被核發？需要開庭嗎？

A：一般來說，大約在提出的一、兩週到一個月左右，暫時處分會開庭，但隨著個案的急迫性以及各個法院的案件負荷程度而定。以目前家事法院都頗艱困（案件量大、人手不足）的情況，真的不要奢望提了過兩、三天馬上開庭。

開庭後，法官光憑書面審查，也無法解決會面交往乃至於親權歸屬的問題，很多時候也會試著勸諭當事人以折衷的方案來協議，以裁判以外的方式解決爭端。

Q：暫時處分的聲請要有什麼要件？

A：暫時處分在聲請時，必須指明具備「必要性」與「急迫性」。還有內容應「具體」、「明確」、「可執行」並以可達本案聲請之目的者為限，不得悖離本案聲請或逾越必要之範圍。

Q：提起暫時處分需要請律師嗎？

A：由上述暫時處分要件可以看得出來，它的聲請具有高度技術性。而如果非由專業的法律人幫忙捉刀，或是一切靠自己，若因為技術問題遭到駁回，需求又迫在眉睫，實在沒有「遭駁回後重新再聲請一次」的本錢可以揮霍。

Q：暫時處分的裁定可以抗告嗎？

A：暫時處分的聲請若不能協議成立，法院會下一個裁定，但這個裁定是可以抗告的，而抗告由地方法院的合議庭來審理，原則上也會再開庭。抗告審如果認為原裁定不當，也可能變更原裁定或是廢棄改判。不過個人觀察，暫時處分的抗告成功機會較低。

Q：暫時處分可以聲請強制執行嗎？對方抗告我也可以聲請強制執行嗎？

A：可以的。家事事件法第八十七條已經明定它可做為執行名義。而且對於暫時處分的抗告，原則上不停止強制執行（九十一條）。也就是說，一審勝訴了，你就可以聲請強制執行，不待二審確定。

暫時處分尤其在於子女遭受一方限制／阻撓與他方會面交往之狀況下，大多能發揮一定作用。暫時處分有時候也會被拿來做為一些扶養費方案的暫定，像是有緊急的扶養費暫定的需求者。法官也大多能儘速處理，大約在提起的一到三個禮拜內就開訊問或調解庭。但急迫性、必要性以及可執行性的要件，常常是兩造攻防的焦點，所以在主張時不可不慎，也需要具體指明，才能達到所欲賦予的效果。

一律師・有話說一

孩子，我們訂個約吧！現在我養你，長大了該你還我。

某婦女開設牙醫診所，由前夫擔任牙醫、主持經營，但自從她與前夫離婚後，就將全部希望都放在栽培兩個兒子身上。這位母親舉債兩千多萬元供兒子補習、重考及就讀牙醫系七年，並雇用司機接送、女傭照顧生活起居飲食等。

因為擔心兄弟二人將來不願奉養自己，這位母親在民國八十六年間與二子簽訂協議書，議定他們日後成為執業牙醫師後，要以執業收入純利的六成，按月攤還她共五〇一二萬；日後如果兒子與媳婦孝心感人可以考慮減少金額等等。

由於次子遲未付款，母親提起了履行契約的訴訟。而次子則主張，和母親簽訂協議書時，他只是二十歲的大學牙醫系二年級學生，竟約定他日後須清償母親扶養費用，而且還將母親扶養兒子的時間、心力換算成金錢，已違反公序良俗，應屬無效。

親子扶養契約，法院怎麼看？

這個案件一路從地方法院告到了最高法院更一審，讓我們先來看看各次判決的看法。

第一審：新竹地院九十九年度重訴字第九號判決

新竹地院認為：

1 透過訊問內容，原告（即母親）表示「錢是我借給兒子的，我老了有養病和生活需求，所以把錢要回來，他們也答應。」「請求返還他們讀大學時我代墊的錢」，從而解釋**母親的真意，是請求被告（即兒子）返還代墊款**。

2 兒子雖然辯稱這份契約違背公序良俗而無效，然而雙方約定的是兒子當上牙醫、有收入後逐次清償母親代墊支付之款項，因此這份協議書並未創造母親的另一個請求權，**協議內容並無違反公序良俗，是有效的**。

3 不過，被告在尚未滿二十歲前之學費、雜費、生活費用等，原告均是基於為人母的扶養義務而為之，因此**被告就二十歲以前的部分沒有返還義務**。

4 **原告請求返還的部分，應以被告日常生活所必需者為限**。若不是被告日常生活所必需，

5 就不能以原告單方面的任意給付，承認是替被告代墊。例如，八十六年至九十一年間之女佣薪資，應不致於高達五萬；另外被和哥哥既然都已年滿二十歲，原告又說有僱佣人照顧他們的日常生活，又何須原告每週一次遠自新竹送土雞、鴨、黑毛豬肉、有機蔬菜及日用品，到台中供兩兄弟使用？因此，非被告的日常生活必需用品，應該視為原告出於母親之情所為之贈與，就不能說是兒子向母親的借款或生活必需品的費用代墊。

因此，第一審依照借貸關係，認為被告應返還二十歲後仍在就學期間七年之學雜費等費用，並依照民國八十六年至九十一年間每人每月平均月消費支出，判被告即次子應返還原告一百七十餘萬元。

第二審：台灣高等法院九十九年重上字第三二五號判決

第二審是由母親提起上訴。高等法院的見解如下：

1 若解釋協議書之文意，母親的確有要求兒子償還自一歲起至二十二歲為止的扶養費用，及其因扶養兒子所花費的勞力、時間所折計之金錢之意思。

2 兒子成年後就讀牙醫系期間，雖然是由母親支付生活費，但依照民法第一一一四條第一款，直系血親相互間仍負有扶養義務者，凡不能維持生活而無謀生能力時，皆有受扶養之權利，並不以未成年為限。

這邊高等法院解釋，所謂無謀生能力並不專指沒有工作能力的狀況，雖有工作能力、但不能期待其工作，也有受扶養的權利。因此，兒子雖已成年，但因為是在牙醫系就學的學生，在完成學業前不能期待其工作，因此認為這段期間仍有受扶養的權利，所以**在被上訴人年滿二十歲後，因補習、重考及就讀牙醫系期間所產生的學費、生活費等費用，仍屬扶養費用**。

3 兒子簽署這份協議書時剛年滿二十歲，為牙醫系二年級學生，而母親就立即與之簽署應返還前述扶養費用的協議書，使得兄弟兩人才剛成年，就必須共同承擔五〇一二萬元之債務，顯然有違父母子女之倫常，不僅悖於民法親屬扶養的規定，也違反國家社會一般利益及道德觀念。

因此，**高等法院認為這份協議書違背公共秩序或善良風俗，應為無效**。

第三審：最高法院一〇三年台上字第二〇三六號判決

三審後，母親再次提起上訴，以下為最高法院的判決內容。

1. 兒子在簽立協議書時，為年滿二十歲以上、就讀醫學院牙醫系的學生，而協議書所約定**的給付，不僅有金額上限，也按收入純利六〇%計付，並記載了將來減少催討金額及遺產分配的原則，因此並非毫無界線**。

2. 綜合協議書的標的內容、當事人動機、目的等因素，協議書似乎並未悖離一般秩序、社會道德，也沒有反社會之妥當性。需要進一步討論的是，兒子在簽立協議書時，相對於母親，其經濟、學識、經驗等項是否處於結構性之劣勢，以及協議書內容是否會導致兒子將來難以生存。

最高法院認為二審對於協議書違反「公序良俗」的認定，是對母親不利之判決，且不認為協議書全然違反公序良俗而無效。因此將二審判決廢棄，發回更審。

第四審：台灣高等法院一〇三年重上更（一）字第一三〇號

最高法院推翻二審判決，因此又回到高等法院更審。以下為高院更審之見解。

1 民法第一一二〇條規定：扶養之方式，由當事人協議定之；不能協議時，由親屬會議定之。但扶養費之給付，當事人不能協議時，由法院定之。因此，當事人是可以事先協議扶養之方法與費用的。

2 協議書所約定之給付有金額上限，又是自被上訴人兄弟自立更生時起，按收入純利之六〇％計付，也記載了將來減少催討金額及遺產分配的原則，難認該約定將肇致被上訴人將來難以生存。

3 簽訂協議書時兒子已年滿二十歲，應該可以依照其智識能力、自由意志決定是否與上訴人簽訂並履行這份協議書，而奉養金額又是在自立更生後，扣除支出按月以收入純利六〇％支付，因此很難認定協議書內容有何違反公序良俗，或其他不合法情事。

這次的判決認為，依照協議書約定，被上訴人自九十二年十月間起執行牙醫業務，迄今收入純利之六〇％總計已達二七一三萬七七一三元，扣除相抵的代墊款項後，**上訴人得以主張依照協議書約定，請求被上訴人給付二一三三萬七八八元。**

這次判決之後，次子有再上訴最高法院，但這次被最高法院認為上訴不合法而駁回，全案終告確定。

引發爭議的扶養協議書，從何而來？

這個案子讓不少朋友打趣道：還好父母「涉世未深」沒有跟自己簽下這種協議書。

而上面四個判決，都圍繞在解釋契約當事人的真意，那為何同一份協議書，不同審級的法院會有不同解讀呢？這位母親一開始又為什麼會簽下這紙出人意表的協議書，甚至日後興起訴訟？

觀察一下這位法律上「深謀遠慮」的母親，她將自己的婚姻與事業結合在一起，前夫有牙醫師的專業技術，加上她的出資，開立了牙醫診所。不料與前夫離異，前夫另外在新竹地區開立一家牙醫診所。

這位具備經營牙醫診所經驗的母親，轉將希望寄託在兩名兒子身上，希望他們能繼承衣缽，取得學歷並在母親經營的牙醫診所任職。終於，在兒子經歷重考、轉系等辛苦過程後，總算考上牙醫。

兒子有位從求學時代就交往的同居女友，但這位單親母親可能因為自己的婚姻以離婚收場，因此格外重視兒子的女友有沒有可能孝順未來的婆婆。在這種狀況下，這位未來媳婦恐怕受到非常大的檢視壓力，要跟未來婆婆相處融洽應非易事，而母親在重重不安全感之下，急忙與甫滿二十歲的兒子們簽立了這份協議書。後來，最不願見的事情發生了——母子間的矛盾越來越多，最終這位兒子終於不願意再在母親經營的牙醫診所上班，甚至兒子下一份工作就是前往母親最不希望的去處，那就是前夫的診所，我猜測這應是這起訴訟的導火線。

契約自由與公序良俗

在最高法院的判決中，說明了所謂違反公序良俗無效，是在私法自治（契約自由）涉及生存權時，必須要考慮雙方處境的優劣，以及基本權是否被重大侵害而反於社會性。

以這次案件來說，最高法院認為母親所定的返還金額有其限制，因此判斷這份協議書並未達到反社會性嚴重的情況，也不致於太過嚴苛，讓兒子日後無法生存。換句話說，媽媽有說只要兒子、媳婦乖乖，將來還可以談，金額也不是沒有上限，這也暗示更審法院應該讓本案通過契約有效性的門檻。

只是，兒子在二十歲簽約當時，是否在經濟、學識、經驗不具有結構性劣勢？最高法院似乎認為兒子還有磋商的空間與能力。但我想若真的這樣評判我國二十歲的孩子，恐怕有點高估了這個年紀的成熟度，加上磋商對象是母親，不簽也許下學期就被趕出家門或不幫繳註冊費了，兒子能說不簽嗎？

更一審高等法院承繼著最高法院的開示，認為扶養方法與費用，當事人非不得事先協議之（也就是可以事先協議），加上依約定不會肇致兒子日後無法生存，因此協議書有效。最終的判決中，認為協議書的真意，是「對日後扶養母親的方法與費用」予以協議，而不是第一審地院認定的「返還過去代墊的生活費用」。如此一來也就沒有涉及違背民法親屬扶養的問題，兒子應履行協議書的約定金額。

月薪嬌「媽」？我的愛可以用金錢衡量

這不免讓我聯想起日劇《月薪嬌妻》，劇中男主角是一名忙碌上班族，與原本僱來日常幫傭的女子也就是女主角，辦理「契約結婚」。男主角仍以女主角的實際工時給付薪資，兩人同住一個屋簷下，對外宣稱是夫妻入籍，藉以節省稅捐及兩人的生活支出。但兩人日後萌發愛情後，成為真正的夫妻，丈夫是否可以因為兩人生活有感情基礎，就不再給付全職主婦的妻子薪資了呢？而女主角也質疑，如果不在給予，是否就是一種情感上的榨取呢？

回過頭來我們可以思考看看，夫妻或親子之間對於日常生活經濟上的相互付出，撇開「愛」的成分後，能不能以金錢衡量？這種觀念在傳統世代是無法想像的，但到了下一世代，會不會有所改變？法院的判決又可能對新倫理的架構推波助瀾嗎？

從最高法院以及更一審高院的判決傾向看來，對於當事人締結契約的自由（私法自治），法院仍然是最大程度給予尊重，只要不是嚴重到不通情理，一般人聞之均憎惡（反社會性），原則上法院是不隨便宣告違反公序良俗而無效的。

但觀察判決脈絡，基本上還是有幾個負面排除的判斷標準。我認為此類扶養費給付、返還扶養費用預定，或是婚前協議等條款要被宣告有效，應該要具備這些條件：「法律未明文禁止」、「條款的自限性」、「可得確定性」。

1 法律未明文禁止

這應該很好理解，就像更一審高院找到的民法第一一二〇條，未來扶養費的方式可以容許預先約定。

2 條款的自限性

這指的就是條款不是一面倒，而是有時間上或金錢上的限度，不是「無條件」、「無限期」。若協議中出現這幾個詞，恐怕在契約效力上就比較容易遭到法院的彈劾。

3 可得確定性

指的是契約給付的標的或是給付條件，不是個虛無飄渺的東西。本案的「孝心感人」就有點處於灰色地帶，但有鑑於它是個減少給付的斟酌要件，所以最後最高法院還是讓它過關了。

我認為，高等法院更一審認定本案母子之間的協議，本質上應是對未來扶養費的約定，應值贊同，而根據上面提到的幾點判斷標準，這份協議書的確應該不致於違反公序良俗而無效。

但扶養費的約定，能否因為締約人的締約自由受到壓縮，考慮適用或類推民法七十四條的規定：法律行為，係乘他人之急迫、輕率或無經驗，使其為財產上之給付或為給付之約定，依當時情形顯失公平者，予以酌減。可能也有待再研究。

親情與金錢，是否能夠等價交換？這些判決，探討並形塑了社會的價值與觀念，也會真切會影響到每一個人的生活與家庭關係。

奉獻你們的心，但並不是要你們緊握住對方的心不放。因為只有生命的手才能握緊你們的心。應站在一起，但不要靠得太近，因為廊柱分立，才能撐起廟宇。橡樹和松柏也不能在彼此的陰影下生長。

——紀伯倫

Give your hearts, but not into each other's keeping. For only the hand of life can contain your hearts.And stand together, yet not too near together, For the pillars of the temple stand apart, And the oak tree and the cypress grow not in each other's shadow.（Kahlil Gibran）

卷三

保護令・停損

安全關係的距離，誰來定？

劇本

難道我就活該倒楣？對方無中生有，我就得好幾個月看不到孩子？

【暫時保護令】

我根本就不可能打孩子啊！這孩子是我的心頭肉耶，我疼都來不及了。更何況上次也經過訴訟才爭取到週末會面交往，探視時間又那麼短，帶出去玩一玩，回來吃個飯、睡個覺，就要送回去，我哪來時間打孩子？

第一次會談，律師事務所

男人拉了會議室的椅子坐下後，忿忿不平說道：

「律師，我真沒想到只憑一份孩子身上的瘀青驗傷診斷書，還有一段抱著孩子問話、孩子說被我打的錄影檔，法院就順了我前妻的意，發了規定我不能跟孩子接觸的暫時保護令啊！本來前一週看孩子都還很高興，結果到現在我要求看孩子兩個多月了，她竟說：『法院都對你發保護令了，你還想看孩子？』」

律師說：「嗯，在現在實務運作底下，法院光憑書面審查，的確就可以核發暫時保護令。」

「可是，我根本就不可能打孩子啊！這孩子是我的心頭肉耶，我疼都來不及了。更何況上次也經過訴訟才爭取到週末會面交往，探視時間又那麼短，帶出去玩一玩，回來吃個飯、睡個覺，就要送回去。我哪來的時間打孩子？」他的語氣非常無奈。

律師沉吟道：「的確，我想不出你有什麼動機要在這麼短的會面交往期間去做不合理的管教。」

「那難道我就活該倒楣？對方無中生有，法院也不用開庭，書面隨便審一審就信了？我就得好幾個月看不到孩子？」

「你可以對暫時保護令提抗告。不過，在現行的救濟體制下，就好像對『本票裁定』、『拍賣抵押物裁定』的抗告一般，對暫時保護令的抗告幾乎沒有任何勝算。而且一旦開啟暫時保護令的抗告程序，通常保護令的審理會因此延後，為了打一場勝算很低的仗，最後見到孩子的時間又得再往後延了。」

「那我該怎麼辦？就不抗告了嗎？不抗告似乎又代表我默認了……」

律師說：「確實這是兩難，我先幫你寫個陳述意見狀，表達對裁定內容的不服，你再思考一下要不要正式提出抗告。」

律師事務所，兩週後

律師：「我跟你說，我本來也不相信孩子會這樣說謊。回家後，我就拿家裡三歲小孩親自實驗看看。」

男人問：「怎麼實驗啊？」

「一開始讓他媽媽抱著他。媽媽問：『我問你喔，把拔會不會打你？』

我兒子說：『嗯……會！』

『那，把拔是你不乖才打你，還是想打你就打你？』兒子：『嗯……想打我就打我。』

這時我已經傻眼了。

『把拔打你哪裡？』『嗯，打我的臉啊，腳啊，還有我的屁屁……呵呵……』

『那，爺爺會不會打你？』『嗯，會！』但事實是：爺爺不住在附近，根本一兩個月才看到他一次。

『那爺爺怎麼打你？』『爺爺會拿棍子打我。』這時我才發現，我的孩子太厲害了，信手捻來就是劇本。因為爺爺行動不便，出門真的會拿拐杖。」

男人說：「天啊！是誰說『孩子天真無邪，絕對不會說謊？』」

調解庭內，一個月後

半年多沒看到爸爸的孩子，在對面位子上坐立難安，不斷朝爸爸這邊偷瞄，法官問孩子話，說什麼也不答。

男人只是開口問：「你是不是想來我這邊坐坐？」

孩子馬上點頭如搗蒜，瞬間繞過調解室的桌子，跳到男人腿上坐好，好像相隔了幾世紀久別重逢一樣。

法官幽幽問了女人一句：「我實在看不出這個孩子有哪裡像受暴的樣子，妳是要我直接駁回妳的保護令聲請？還是和解、撤回聲請？」

女人一臉尷尬地細聲說：「那，我撤回好了。」

六個多月的想望，在喜極而泣之下終結了，兩造簽下男人可以恢復跟孩子的會面交往協議。男人與律師走出調解室，只聽到後面傳來女人冷冷對孩子說話的聲音：

「回家就有你好看了。」

TAKEAWAY

法律重點

保護令的種類

保護令大致分為以下三種，更詳細的介紹，請參閱 p.251 關於保護令，你應該知道的十個眉角。

・**通常保護令**

於一般狀況申請。

由被害人、檢察官、警察機關或各直轄市、縣（市）主管機關以書面向法院提出聲請後，法院按庭期審理後核發。

・**暫時保護令**

目的是填補通常保護令審理期間的保護空窗期。

由被害人、檢察官、警察機關或各直轄市、縣（市）主管機關書面聲請或依其職權核發暫時保護，得不經開庭審理，於數日內核發。

- **緊急保護令**

當被害人有遭受家庭暴力的急迫危險時，由檢察官、警察機關或各直轄市、縣(市)主管機關以書面、言詞、電信傳真或其他科技設備傳送方式向法院聲請，法院須於受理申請後四小時核發。

暫時保護令的審查方式與核發標準

「家庭暴力防治法」第九、十條所規定的**暫時保護令**，**立法目的在於防堵一些急迫性、有立即危險的家庭暴力**行為。因此，程序上有從速的需求，法院僅憑書面審理就可以核發暫時保護令。而一般有被害人的陳述加上驗傷診斷書，不管「加害人」根本無任何書面或言詞答辯，法院就很可能核發暫時保護令。但就目前的觀察，法院漸漸也有對一些有疑問的暫時保護令聲請案件開庭審理。

暫時保護令與子女會面交往權利衝突時，哪種優先？

離異夫妻一方主張為保護子女，對另一方聲請核發暫時保護令的狀況，法院真的會如此依循表面證據（未成年子女的陳述跟驗傷診斷書），就准予核發暫時保護令了嗎？而未成年子女享有與不同住的一方父母不被阻撓、自由交往的權利，這個基於天性與子女最佳利益、並為聯合國兒童權利公約所揭櫫保障的權利，能輕易地被書面審理的暫時保護令遮斷嗎？我不認為如此。

我曾就這點私下詢問幾位家事法庭的法官跟調解委員，大部分的意見都不認為暫時保護令可以限制父母與未成年子女會面交往的相互權利。但實際上還是應該看暫時保護令核發的內容而定，有沒有限制相對人與子女「接觸」？**如果暫時保護令發的只是單純限制「不得騷擾」、「不得為精神上或肢體上的暴力行為」，解釋上，就不應該認為相對人喪失與子女會面交往的權利**。

從而，法院在審理此類案件時，確實應該審慎審酌子女指控一方父母施暴的陳述有無心理上的因素，而導致與事實不符，或是另一方父母的引導所致。

是否有人誘導孩子，指控父母的暴力行為？

「由依附感最深的人抱著孩子問話」的這個動作，本身就具備了誘導性，三、四歲的孩子根本沒意識到自己在「說與事實不符的話」，也不會有大人才有的道德非難意識。而且越是聰明的孩子，越是知道大人想要什麼答案，而跟大人「配合良好」。

前面單元曾提到，孩子如何在忠誠度的衝突之下，選擇詆毀父母一方並出現敵對態度。這其中不一定有一方教導子女如何去憎恨或排斥另一方的因素存在，孩子心中基於一種保護機制，也可能自發性出現這種抗拒的態度。

有多少父母察覺到自己時常在孩子面前，出現劍拔弩張的姿態與互抱敵意的口氣？而孩子在「兩大之間難為小」，曾經將跟父母一方相處愉快的心情，帶回另一個家中，換來的卻是一個鄙夷的眼神，甚至一頓責罵。

孩子於是從經驗中學到趨吉避凶，乾脆選一方展現忠誠度，索性隱瞞起在另一個家愉快的心情，只說一方愛聽的事情（「哼，另外一個家根本不好玩，我不要去了！」），甚至幫著大人們將對他方的敵意具體化成指控。

孩子從純真的世界提早畢業，走上早熟、世故與懂得看臉色的成長之路。而父母雙方真正發現自己不該把怨恨對方的情緒，影響孩子對另一方的觀感時，都已經太遲，孩子可能已經被壓力給壓垮了。

暫時保護令目的在於防堵有立即危險的家庭暴力行為，不過不應直接等同於喪失子女會面交往權利，需依照保護令內容判斷。

父愛

我妻子認為過去我對孩子的管教過於嚴厲，已經構成家暴……

【保護令與子女管教】

這個孩子是我太太跟前夫所生，

為了讓我們有一個完整家庭，我也辦理了收養。所以，法律上我們就是父子。

我們有兩個孩子，另一個是太太和我所親生。

但你相不相信，我對這個孩子付出的時間，比另一個我親生的孩子還多……

男人穿著暗色系襯衫，走進事務所，客氣地說著：

「律師，我妻子對我提出保護令聲請，下禮拜就要開庭了。她聲請的理由是，認為過去我對孩子的管教過於嚴厲，已經構成家暴，所以帶著孩子們跟我分居。」

「我該怎麼做，律師？是要上法院去全盤否認、大聲喊冤，還是乖乖承認，就讓法院對我發保護令算了？」男人有點無力地說。

律師想起以往在法院擔任家事庭法官時，也不是沒有碰過因為管教問題而由夫妻一方對另一方申請保護令的案子，而那些孩子身上傷痕累累，有些也被社工通報為高風險家庭並且觀察已久，甚至需要為孩子提供庇護家庭。那些個案不需要家事庭的法官天人交戰太久，保護令是要保護那些命在旦夕的孩子。然而眼前這個男人，狀況似乎不太一樣……

我對這孩子付出的時間，比任何人都多

律師問：「你平常是怎麼管教孩子的？」

「這個孩子是我太太跟前夫所生，為了讓我們有一個完整家庭，我也辦理了收養，所以，法律上我們就是父子。我們有兩個孩子，另一個是我太太和我親生的。但你相不相

信，我對這個孩子付出的時間，比另一個我親生的孩子還多。」男人說。

律師問：「那照理講，你付出的心力也更多，怎麼會被認為有家暴？」

「這個孩子從小就有過動症狀，在學校狀況也層出不窮，不僅常被學校通報他欺負同學，一直以來人際關係很差，課業上也總落居後段，感覺他很不喜歡學校。」

「我覺得人際關係只能慢慢努力，但現階段如果能讓他找回上課的專注力，課業能開始進步，就有機會被老師同學接納。所以，我決定先幫他顧好課業。」男人繼續說道。

「聽起來很有道理。」律師鼓勵男人說下去。

「也許是我求好心切。有時對於他的不認真，我真的很沮喪，畢竟花了這麼多時間引導他，幾乎每天下班都花超過兩個小時陪他寫作業、複習功課。」

「過去他的老師們，沒有一個能夠單獨面對這個孩子超過半小時，還能保持冷靜的。」

男人說到孩子教養時的認真神情，多過於他一開始面對保護令開庭的憂心。

「那你妻子呢？她如何教養這個孩子？」

「她負責照顧另一個。但我既然收養了他，就覺得不能不對他負責，這個孩子需要我花更多的時間陪伴。」

律師打開檔案，看著他用 Excel 表格仔細列出的每日生活日程表。「你從早上六點半就為孩子準備上學出門，到晚上七點下班接回孩子後，又開始幫孩子複習功課。孩子睡了，十點半開始做家事，到十二點就寢，這中間完全沒有自己的時間耶。」

「我心裡又何嘗不覺得累？但這是對家人的責任，我沒有什麼埋怨。」

「你的日程表會讓絕大部分父親感到汗顏，也包括我。」律師頗感佩服。

問題，或許不在於保護令本身

繼續聽他說了一些夫妻相處的狀況後，律師忽然問道：

「你們夫妻最近多久沒有把孩子交給其他人照顧，好好共度一頓晚餐？」

「可能有一兩年了吧！」男人搔著頭說。

「你是個會開玩笑、會甜言蜜語的先生嗎？」律師再問。

「我沒想過你會問我這個問題耶！剛結婚的時候我會，但只要一跟妻子討論起那孩子的事情，我就會變得認真而嚴肅，好像瞬間變了個人似的。雖然她也瞭解孩子的特殊狀況，但不能理解為何我講到管教就這樣堅持與固執，也常跟我吵，說我對孩子太嚴厲了。」

看著眼前這個襯衫有點發皺的父親，律師說：「我覺得你現在面對的問題，不是保護令。保護令發與不發，對你一點影響也沒有。管教的鬆緊，是夫妻雙方隨時可以溝通的，或者，你也可以乾脆換她來負責。我反而覺得你現在面對的，是妻子對你的感覺。你們之間太緊繃了，夫妻間的對話是否只剩下令人糾結的孩子教養問題？」

停頓了一兩秒，男人緩緩點頭。

「也許過去你做到一〇〇％，甚至一二〇％，但這不是她所要的。她要的，只是喘口氣、少點壓力而已，也許是想念以前那個會開玩笑的你。」律師繼續說，覺得自己好像不是在做律師的本行了。

「你還想維持這個婚姻嗎？」律師問。

「想。我當然想。」男人毫不猶豫地答。

「我現在要給你的建議，恐怕很少律師會這麼做。保護令調查庭，你就自己去吧，不需要律師陪同了。也許律師的在場，在你妻子眼裡，會以為你還沒發現真正的問題點。」

「而且回到家裡，不但不用努力去挽回什麼，反而應該讓自己，對她、對孩子都放鬆一點。至於保護令發不發，就別管了，那跟你的生活一點關係也沒有。」

TAKEAWAY
法律重點

保護令能解決得了子女教養問題？

家庭暴力防治法第二條第一款規定：

家庭暴力：指家庭成員間實施身體、精神或經濟上之騷擾、控制、脅迫或其他不法侵害之行為。

家庭暴力防治法第三條規定：

本法所定家庭成員包括下列各員及其未成年子女：

一、配偶或前配偶。

二、現有或曾有同居關係、家長家屬或家屬間關係者。

三、現為或曾為直系血親或直系姻親。

四、現為或曾為四親等以內之旁系血親或旁系姻親

家庭暴力防治法第十條第一項規定：

被害人得向法院聲請通常保護令、暫時保護令；被害人為未成年人、身心障礙者或因故難以委任代理人者，其法定代理人、三親等以內之血親或姻親，得為其向法院聲請之。

保護令的核發，一般在於保護當事人在精神或肢體上不法暴力的家人之間，不受家庭暴力的威脅。而未成年子女欠缺幫自己聲請保護令的能力時，可以由法定代理人，也就是父親或母親幫他聲請。實務上，滿多聲請保護令的案例，是父母一方對於他方管教的鬆緊有嚴重歧異時，父母一方來法院幫子女聲請保護令。

法定管教權與保護令的界線

不過，父母對於未成年子女的管教，是法定的權利也是義務。

民法第一〇八四條第二項規定：父母對於未成年子女，有保護及教養之權利義務。第

一〇八五條也規定：父母得於必要範圍內懲戒其子女。

管教之合理與否，應依個案狀況而定，見仁見智，至於體罰，則要看施行的輕重與頻率而定。而所謂「法不入家門」，雖然已經不符合現代家事法的思想。但家庭暴力防治法中保護令的核發，這類採取比較隔離、阻卻式的法律措施，我認為對於父母、子女之間尤其需要謹慎，**因為設立更多的屏障是融化不了冰山的，父母子女之間的問題，有時反而更需要多些接觸與溝通，才能解開僵局**。

司法在這類案件中應該需要更加謙抑的思維。否則這類個案，法院核發保護令的介入，有時只是讓原本對管教問題已經山窮水盡的父母更加沮喪，也讓隔閡更加難以消除。

在未成年子女面對家庭暴力時，可由法定代理人代為聲請保護令。唯遇到管教問題時，保護令的介入與否，需更仔細的斟酌。

控制

他跟蹤我，我要對他申請保護令！

【跟蹤騷擾防制法】

有一天，我跟姊姊去公園溜狗，
回去騎機車的時候機車座椅的置物箱好像是打開的，
但是離開的時候明明記得已經蓋好，而裡面的鑰匙都還在，我們不以為意。
但就在前幾天，我們回家後……

家事法庭上

「聲請人兩位，妳們坐在右手邊。今天是要聲請保護令？」法官問。

「嗯。是。」聲請人是兩位年輕女孩，五官非常神似。

「妳們兩個是雙胞胎？我看妳們出生年月日都一樣。」

「對。」

「那發生什麼事？」

「現在說嗎？」

「是的，請妳們放心陳述，我已經依照妳們的要求，安排跟相對人隔離了。他明天才會來開庭，待會陳述完，我會請社工陪妳們先行離開。」法官耐心解釋。

姊姊先開口：「好，那我先說。其實對方是我八年前網路上認識的朋友，一群網友聚會後，他一直想約我去吃飯，我禁不住他持續邀約，就跟他出去吃了一次飯。大概過了一個多月，就覺得這個人很怪，所以打算跟他斷絕往來。但沒想到，他一直來我家找我，有次看到我和妹妹一同外出之後，還跑來問了我妹妹叫什麼名字、在哪裡上班等一些事情，但我沒有跟他說太多。接下來的事情，可能要由我妹妹來說比較清楚……」

妹妹接著說：「然後，他的目標就變成我了，真的很倒楣。他不知怎麼知道我上班的地方，就開始故意在下班的地方『製造』不期而遇，企圖跟我搭話。我一開始認為他是姊姊的朋友，基於禮貌，也就沒有拒絕。但後來『偶然碰到』的機率實在太高，所以我開始換不同的路線或是提早下班。沒想到他竟然不斷寫信……或是說，內容有點過度幻想的情書到我公司，我後來也請公司的收發退掉這些信。」

「我們家信箱也常收到他畫的那些莫名其妙的畫。法官你可以看一下。」姊姊拿著幾張紙給法官。

法官端詳了一下，這些畫的內容大同小異，大部分像是一個男人跟兩個女子看似有兒有女共組家庭。

「有一天，我與姊姊去公園遛狗，準備騎機車回家時，機車座椅的置物箱好像是打開的。但是之前離開時，記得明明已經蓋好。只是因為裡面的鑰匙都還在，我們也就不以為意。但就在前幾天回家後，原本各自要回房間，卻突然發現有人從沙發後面衝出來跑向屋外，我們都不敢跟上去看，但看背影就知道，應該是他。」妹妹說。

「那財物有任何損失嗎？」法官問。

「沒有，只是衣櫃好像被翻過了。」

「法官，因為他跟我不是配偶，也沒有同居過，這樣可以申請保護令嗎？因為我之前去問了一些免費的法律諮詢還有警察局，他們對這部分不是很確定。有人說沒有同居就不行。」姊姊問。

「他們說的是舊法時代，目前新的法律已經有修正了。」法官接著說明：「現在跟蹤騷擾防制法已經實施，依照這個法令，妳們可以先向警察機關對行為人申請書面告誡。如果書面告誡二年內再犯，就可以依照跟騷法聲請保護令。」

TAKEAWAY
法律重點

未同居情侶，過去無法聲請保護令

過去幾年「恐怖情人拒分手，丟汽油彈活活燒死女友」「恐怖情人利剪割喉，女友斷頸喪命」等新聞事件層出不窮。這些恐怖情人的樣態一開始都是以跟蹤、騷擾開始，一步步食髓知味。

過去對於非配偶，又無同居關係，甚至並無交往過的人的這類跟蹤行為，相關法律規範，僅有社會秩序維護法第八十九條第二款：**無正當理由跟追他人，經勸阻不聽**。但是無法涵蓋跟蹤及騷擾的所有態樣，而且只有新台幣三千元以下罰鍰，更是無法有效嚇阻及懲罰類似的行為。

新法上路：跟蹤騷擾防制法

家庭暴力防治法（以下簡稱家暴法）對於恐怖情人的規範適用上，總有「非量身定做」，不太合身的感覺，因為家暴法本來就只是針對「家庭成員」所制定的法律，即便增加了六十三條之一的擴大保護，頂多擴大到「曾經交往、有親密關係」的對象，被害人仍需要證明彼此間有親密關係。但是事實上，有很多跟蹤、騷擾者，被害人根本跟他們不認識、也沒有什麼「以情感或性行為為基礎之互動關係」，甚至是跟蹤騷擾者本身的精神障礙、情緒障礙導致的單方面行為。而這些行為，已經造成被害人的恐慌甚至身心受害，更適合的處理應該是**對於不當之跟蹤騷擾行為之限制，而不限於「曾有親密關係」的相對人，讓被害人可以跳過證明親密關係這項要件，直接得到國家即時、有效的保護**。

日本於一九九九年發生桶川案，進而催生了防範相關行為的纏擾防治法。而二十多年後的台灣，同樣面對著諸多因為感情困擾而頻頻發生的跟蹤、騷擾行為的事件，甚至發生數起凶殺案。在二〇二一年底，立法院通過跟蹤騷擾防制法（以下簡稱跟騷法），至二〇二二年六月一日開始施行，終於補足了家暴法保護不到的法律漏洞。

跟蹤騷擾防制法的保護對象

跟騷法的處理範圍是什麼呢？首先請見第三條的規定：

第三條第一項	特定人	與性或性別有關
第三條第二項	關係人（特定人之配偶、直系血親、同居親屬或社會生活關係密切之人）	與性或性別無關

也就是說，**跟騷法處理的事件範圍，要看對象和相對應的行為目的而定。如果是針對特定人（非家庭成員，可能是不認識的陌生人），跟蹤騷擾行為的目的必須是「與性或性別有關」，才能處理。而如果是針對特定人的配偶、直系血親、同居親屬或社會生活關係密切之人，則可以處理「與性或性別無關」之跟蹤騷擾行為。**

舉例來說：Ａ男針對非其家庭成員的Ｂ女，因為追求遭拒（與性或與性別有關）而心有不甘，持續進行跟蹤騷擾，則Ｂ女可對Ａ男依照跟騷法申報。另外Ａ男除了騷擾Ｂ女，又針對Ｂ女的母親、弟弟、同學進行簡訊騷擾、打無聲電話騷擾等行為，這部分雖然與性或性別無關，Ｂ女的母親、弟弟、同學依然可以依照跟騷法被列為保護對象。

這邊可以留意到跟騷法在對特定人的行為目的上，限於「與性或性別有關」之行為。可見立法者有意限縮處理的行為範圍（應是擔心警力負荷不了），例如：因為鄰居夙怨、債務糾紛等騷擾行為，若不是性或性別追求相關之行為為出發點的，就不構成這裡所稱的跟蹤騷擾行為。不過，這將來可能造成法院認定以及保護令程序攻防上的模糊地帶。

跟蹤騷擾的行為定義

依照跟蹤騷擾防制法第三條第一項，跟蹤騷擾行為定義為：指以人員、車輛、工具、設備、電子通訊、網際網路或其他方法，對特定人反覆或持續為違反其意願且與性或性別有關之下列行為之一，使之心生畏怖，足以影響其日常生活或社會活動。

並明列以下八點行為：

一、監視、觀察、跟蹤或知悉特定人行蹤。

二、以盯梢、守候、尾隨或其他類似方式接近特定人之住所、居所、學校、工作場所、經常出入或活動之場所。

三、對特定人為警告、威脅、嘲弄、辱罵、歧視、仇恨、貶抑或其他相類之言語或動作。

四、以電話、傳真、電子通訊、網際網路或其他設備，對特定人進行干擾。

五、對特定人要求約會、聯絡或為其他追求行為。（這條範圍可是不小，感情追求者要注意了！）

六、對特定人寄送、留置、展示或播送文字、圖畫、聲音、影像或其他物品。

七、向特定人告知或出示有害其名譽之訊息或物品。

八、濫用特定人資料或未經其同意，訂購貨品或服務。

跟蹤騷擾行為的處置方式

跟蹤騷擾行為的處理上，可以先記得這三個關鍵字：書面告誡、保護令、刑事處罰。

· **書面告誡（警察機關）**

法條明定警察機關接受報案的處理SOP、即時調查、書面紀錄，經調查後，得依職權或依請求對行為人核發書面告誡，並為保護被害人之適當措施。但行為人也有異議的救濟程序。

・保護令（法院核發）

保護令的核發條件為前述的**書面告誡後兩年內再違反者，被害人得向法院聲請發給保護令**。除了本人，被害人之配偶、法定代理人、三親等內血親或姻親可以代為聲請，檢察官及警察機關也可依職權聲請，而被害人住居所資訊得保密。

依據跟蹤騷擾防制法第六條：

保護令之聲請，應以書狀為之，由被害人之住居所地、相對人之住居所地或跟蹤騷擾行為地或結果地之地方法院管轄。

依據跟蹤騷擾防制法第十二條，法院可依聲請或依職權，核發包括下列一款或數款之保護令：

一、禁止相對人為第三條第一項各款行為之一（其前述的跟蹤騷擾行為），並得命相對人遠離特定場所一定距離。

二、禁止相對人查閱被害人戶籍資料。

三、命相對人完成治療性處遇計畫。

四、其他為防止相對人再為跟蹤騷擾行為之必要措施。

保護令有效期間最長為二年。期限屆至，可以再聲請為延長。另外在法院裁定延長保護令前，原保護令不失其效力，這也是家暴法所未給予的效力。

・**刑事處罰**

跟蹤騷擾行為本身有刑事責任，與前述的書面告誡、保護令程序是並行的程序。相關的法律規定如下：

第十八條第一項　**跟蹤騷擾行為罪**

實行跟蹤騷擾行為，處一年以下有期徒刑、拘役或科或併科新台幣十萬元以下罰金。（本條為告訴乃論之罪）

第十八條第二項　**加重跟蹤騷擾行為罪**

攜帶凶器或其他危險物品犯前項之罪者，處五年以下有期徒刑、拘役或科或併科新臺幣五十萬元以下罰金。

第十九條　**違反保護令罪**

違反法院依第十二條第一項第一款至第三款所為之保護令者，處三年以下有期徒刑、拘役或科或併科新臺幣三十萬元以下罰金。

最後，跟騷法也設有預防性羈押的機制，得以及早保護被害人。也就是說如果遇到連續慣犯，有事實足認有反覆實施之虞，有羈押必要者，得羈押之。

這份立法得來不易，因為不同立法委員早在二〇一五年前就已呼籲立法，但因為內政部評估認為警員人力不足，使得立法一再暫緩。然而，單靠家暴法保護令的規定，法官即便從寬認定家庭成員或親密關係，仍然有其侷限。慶幸這一部與我們息息相關的立法終究還是來了，不須再等到更多案件發生，才在社會的懊悔、悲傷中進行。

家庭暴力防止法與跟蹤騷擾防制法的差異

依照現行的事務分配，**家暴法保護令是向家事庭聲請**；**跟騷法保護令則向民事庭聲請**。

家暴法與跟騷法的範疇，依行為人和被害人的關係而定。當行為人與被害人間是有家庭成員關係，或現有、曾有親密關係之未同居伴侶，就是依家庭暴力防治法的規定聲請保護令，而不適用於跟騷法保護令。

一律師．有話說一

日本桶川案及跟蹤規制立法

一九九九年十月二十六日，一位年僅二十一歲的女大學生詩織，遭人在日本埼玉縣JR桶川站外刺殺身亡。

其實，詩織生前曾經向朋友透露求救的訊號，她告訴友人自己不斷遭到前男友小松的暴力恐嚇與跟蹤騷擾。小松是典型的恐怖情人，一旦詩織想分手，小松總以會蹂躪殺害詩織的話加以恫嚇。

詩織原本以為人民褓姆應該能夠保護她，鼓起勇氣前往埼玉縣警的上尾警察署報案，但警方認為這只是一般的民事案件而未積極處理。詩織與小松提出分手後，小松持續以撥打無聲電話、張貼詆毀之海報等方式對詩織騷擾，詩織除了將自己遭遇告訴好友以外，甚至將留給父母的遺書藏在房間角落——「**如果我被殺了，那就是小松殺的。**」

後來，在光天化日之下，一名年輕女性遭到殺害，在日本當然是轟動的新聞，一位週刊記者清水潔加入採訪行列，開始追查為何詩織報案後仍然遭到殺害？警方事前是否有做出應有的作為？加害人與被害人之間有什麼樣的互動關係？雖然在追訪過程中一路遭受阻撓，但透過縝密的詢問周邊人物與親自跟監，清水潔竟比警方更早鎖定兇手，並掌握案發後即下落不明的兇手行蹤。

過程中，清水潔有感於民眾遭受跟蹤、騷擾，在信任警方的情況下報案卻遭消極處理，甚至吃案或嘲弄被害者的遭遇。而著眼於收視率或銷售量的新聞媒體，經常有意無意汙名化被害人、檢討被害人，或是明知警方消極處理的真相卻默不作聲。最後，當然導致一場憾事無法預防，被害人報案後卻仍慘遭殺害。

被害人的信任、人格跟生命，有如被殺了三次一般，這令人痛心的結局，促使清水潔寫下《被殺了三次的女孩》一書，告知大眾：在這樣的社會結構下，誰都可能是下一個受害者。隨著報導出爐，引發日本社會震撼，日本政府終於迫於社會的呼聲，在二〇〇〇年通過《纏擾防治法》。

勇敢

我這麼在乎你，你別想離開我身邊！

【家庭暴力防治法】

在螢光幕前的她，
年輕、聰穎又充滿活力，
誰也沒料到這件事會發生在她身上……

前陣子最令人震驚的社會新聞，莫過於知名女立委遭到男友施暴的新聞，當時我在臉書上寫下了這幾點：

・即便是立委如此高權力、高社會地位者，也可能在感情關係中不對等，遭受暴力攻擊與威脅，一般人更不要覺得「天啊，這種事怎麼會發生在我身上」，這可能發生在任何人身上。

・有些伴侶為了要對方表達忠誠、自清，要求查看手機、通訊軟體。很多人會想：如果我拒絕了，是不是表示心裡有鬼？但感情關係同時也包含了尊重與信任，不應讓這種偶然成為日常，對方可能得寸進尺，甚至所有帳號密碼一一失守，演變成令人窒息的監控，最後你就連一個朋友都不能交、正常的人際關係都不可得。

・如果你的伴侶身為公眾人物或商業人士，或因業務要跟很多人打交道，在交往之前你就應該知道——他會密集通聯的不會只有你一個人，如果不能接受，那麼可以趕緊放生彼此，會比較好過。

・暴力絕對不應被姑息，一般以為動手才是暴力；其實，情緒暴力、恫嚇威脅、心理控制也是暴力，不是只有等到被暴打、被掐脖才是真的受虐。

報導中受害人受暴的情形，不僅在肢體傷勢讓人不忍卒睹，這也提醒了我們，更應該對此類施暴者的心理層面跟其人格形塑有所認識，進一步預見並避開人生的地雷。

我這麼在乎你，別想離開我身邊！

有一種人格，學理稱之為「邊緣型高衝突人格」，他們平時十分正常、甚至迷人友善，不但毫不手軟地投資外表，也會運用人際關係攀附名流，營造完美形象。但進一步交往後，就會發現他情緒變化強烈，而一旦自認被拋棄或背叛，更可能開始極端的行為：輕則騷擾毀謗、情緒勒索，重則肢體暴力、危及生命安全，甚至不惜同歸於盡。

有些邊緣型高衝突人格者，還會向感情對象金錢借貸或尋求資助，如紀錄片《Tinder 大騙徒》，就詳述了一名利用交友平台進行感情詐騙金錢的行為人，是如何利用感情上的「龐氏騙局」讓被害人落入陷阱之中。行為人先以亮麗行頭、闊綽出手吸引對象，並讓被害人在短時間內獲得高回報，進而盲目地相信一切背景都是真的，當被害人深陷感情之中，再用情感勒索要求其投入更多資金來協助渡過難關（這些錢又被拿去引誘更多新的受騙對象），等到受害者最後察覺不對的時候，已經人財兩失、血本無歸了。

邊緣型高衝突人格者通常具有以下五項特質：

1 愛與他人（前任交往對象）比較，無法容忍別人贏過自己。

2 控制欲強，有嫉妒傾向。

3 時常會用言語貶低對方，最後可能升高成暴力攻擊。

4 為尋求對象的忠貞，會要求看對方手機、報備行蹤等，若看到與其他潛在感情競爭對手的訊息就會抓狂。

5 無法接受分手，會以各種極端方式（如親密照等）要脅對方。

他們起初也想和交往對象擁有長期關係，但是一旦過了蜜月期後，如果發現對象無法滿足他的需求、或質疑他的權威地位，就會很容易憤怒，甚至懲罰對方。而當要分手時，還會面臨更進一步的威脅。

遇上恐怖情人怎麼辦？

首先，你要先有認知，自己是碰到了這樣的邊緣型高衝突人格者。

起初可能是感覺這人的表裡不一、前後反差很大，一旦有懷疑時，千萬不要放棄向家人、朋友告知實際情形。因為他很有可能已經試圖切斷你的人際網絡已久，軟硬兼施想說服你，全世界你只需要他，不需要其他家人朋友；或是，非常常見的是搭配情緒勒索的手法，如果你去聯絡其他人，你們之間就完了，讓你對外求援時非常猶豫不決。

請銘記於心，斬斷你的諮詢管道，這是他們的起手式，你至少必須鼓起勇氣加一點智慧，才有辦法衝破這層限制，對外尋求幫助。

在與對方出現感情裂縫時，請仔細觀察對方的情緒反應，若出現不合常理或誇張行為時，就算決定停止交往，也不要貿然使用「分手」兩字，也別認為一定需要「談判」，因為通常談判對他們來說，是操作話語的技術，可說是家常便飯，占盡優勢。

可以考慮採取慢慢疏遠的方式，將見面時間逐漸拉開，例如：以工作、唸書、出差等理由，讓兩人的聯絡慢慢減少，必要時告知親友，請對方幫忙提供「掩護」或掌握狀況，視情況也可以請家庭暴力防治中心的社工人員介入。

TAKEAWAY
法律重點

家庭暴力防治法已擴大保護被害人範圍

經過各方反應「不是只有住在一起才會遭遇家庭暴力」以及社會具體事例，立法二〇一五年修正通過，在二〇一六年二月四日新施行的家庭暴力防治法第六十三條之一，**也就是所謂「恐怖情人條款」，提供年滿十六歲以上的被害人，如果遭到「現有」或「曾有」親密關係的伴侶（不限異性伴侶或同性伴侶，也無論是否曾同居），無論肢體或精神上之暴力、騷擾、跟蹤或控制行為，都可向法院聲請民事保護令之法源依據。**

而「恐怖情人」條款中，所謂「親密關係伴侶」的定義，指的是雙方以情感或性行為做基礎，發展親密社會互動關係。也就是說，聲請人不再需要舉證雙方同居，但仍應該舉證兩人曾有情感關係或是性關係，做為聲請保護令主體的釋明。

社群網站紀錄即可證明親密關係

那麼，被害人要怎麼證明親密關係？被害人可以考慮，例如，過去臉書所發布的感情狀態、合照，或如 LINE 等通訊軟體對話紀錄或友人證詞等任何跡證皆可。只要能證明是親密關係且有受暴或遭騷擾的事實，皆可向法院聲請保護令。

可以聲請保護令核發包括：禁止實施家暴、禁止騷擾、接觸、跟蹤、通話，或強制遠離住居所、工作場所等。而保護令核發後，一旦違反，違者最重可處三年以下有期徒刑、拘役或科或併科十萬元以下罰金。

家暴法所能提供的保護

若是因遭受肢體暴力而通報家暴者，第一件事一定要驗傷（但有些淤傷有時候一兩天後才會顯現），遭受精神暴力者，記得把對話截圖（要截出對話日期），或是隨身錄音，請做好備份。如果現場有監視器，可以把監視錄影調取出來善加保存。

打一一三通報家暴不代表聲請保護令。通報動作會在家暴防治中心留有紀錄，並不會自動讓你取得保護。保護令需要正式提出聲請，請向派出所或是地方法院家事庭提出。

保護令可能需要開庭，但不一定需要跟對方面對面，可以申請社工陪同開庭，以及請求隔離訊問。

善用跟蹤騷擾防制法，申請核發書面告誡

至於面對感情對象有跟蹤、尾隨、盯梢、通訊騷擾等行為，因為有反覆實施傾向，可以依照我們前述介紹的跟蹤騷擾防制法，向警察局申請對行為人發出書面告誡，如果兩年內再有跟蹤騷擾行為，也可以向法院申請保護令。

若交往對象疑似恐怖情人，甚至有傷害你的行為，請不要放棄對外求援的機會。記得蒐證、通報，並且尋找前文所說法律的保護！

籌碼

保護令的功能不是包山包海

【保護令的侷限性】

對方當事人聲淚俱下地泣訴我的當事人對他暴力相向、情緒失控、人格異常等等，不適合照顧小孩子，只見法官幽幽說了一句：

「他對你暴力，又不代表他會對小孩子暴力……」

一對夫妻爭吵甚烈，雙方都撂下狠話：「離婚就離婚，孩子我要定了！」「門都沒有！我看你一個人怎麼帶小孩！」彼此東拉西扯，脖子、肩膀、手臂都抓傷了，抱著孩子的那人沒辦法伸手，只好使上「人體七大武器之大鋼牙」，出其不意咬得對方哇哇大叫。

一旁家人當然不能只是看戲，團團包圍簡直就像訓練有素的橄欖球隊員，一個接一個把孩子拋給下一位隊員。搶不到的那位，只好拎起包包，用盡最後氣力吐出：「你～們～完～了！我～們～法～院～見！」幾個字，丟開方才用力扯下的一撮頭髮揚長而去。

這簡直就是本土劇八點檔了吧？家事法官其實都不用看本土劇，因為上班時都看飽了。而且不用劇透也都知道，接下來一定會有一方對他方提出保護令聲請，而保護令「經濟餐」是必點的：

- **禁止他方對自己、對子女、對家人實施家庭暴力。**
- **禁止他方對自己、對子女、對家人為騷擾、接觸、跟蹤、通話、通信或其他非必要之聯絡行為。**
- **命他方遷出兩方同住的處所。**

經濟餐通常還不太能洩心頭之恨，恨意還沒消的，大概就會加點「滿意餐」：

- **命相對人遠離自己、小孩之住居所、小孩的學校、自己的工作場所。**
- **命相對人完成加害人處遇計畫。**（簡單來說，就是叫對方去上一些修身養性的課。）

如果也被對方聲請保護令，覺得非萬箭齊發不可的，可能還會加點「豪華餐」：

- **定汽車、機車及其他必需品之使用權。**（法官，車子就算不是我名下，也得歸我開；我的精品包包、結婚鑽戒、昂貴相機給我還來！）
- **定暫時對未成年子女的親權；必要時，並得命交付子女。**（法官，你保護令裡子女監護權要判給我，他這麼惡劣，有暴力傾向，孩子跟著他就完蛋！）
- **禁止他方與子女會面交往。**（法官，他這麼恐怖，怎麼可以讓孩子跟他見面！）
- **命他方給付未成年子女之扶養費。**（法官，既然我一個人擔任孩子監護人，孩子生活教育費很高的，一定要讓對方支付。）
- **命他方負擔相當之律師費用。**（法官，我是受害人很辛苦，還要支付律師費用，真的幫幫忙，對方這麼可惡，應該要讓他替我出律師費。）

我想，當你才從肢體衝突的風暴中脫身時，那股怨氣一定驅使你認為不管法院發不發，上頭這些全部法條有列的選項，我通通都要點，對吧？

特別是家庭暴力防治法第四十三條那個規定看起來好誘人！

「法院依法為未成年子女酌定或改定權利義務之行使或負擔之人時，對已發生家庭暴力者，推定由加害人行使或負擔權利義務不利於該子女。」

這條文的意思不就是：如果我對他發保護令成功，就代表以後監護權官司，我・贏・定・了？

TAKEAWAY 法律重點

保護令的取得與親權的判定不必然相關

實務上有太多保護令的聲請，都是基於對這家庭暴力防治法第四十三條的過度想像，不少當事人非常努力想利用單一的肢體衝突事件，將他方描繪成暴力狂、歇斯底里、情緒控制有問題，動不動就把菜刀架在脖子上的人，還以為先下一城取得保護令，在爭奪子女監護權的官司上，就贏定了。

但事實上，對於子女監護權的判定，著重的是誰是真正適合照顧子女的人，要綜合各項因素判斷，包括：父母雙方的親職能力、子女的意願、居家狀況、經濟能力、支持系統、擔任友善父母的主觀意願與客觀履行狀況等等。

如果夫妻雙方並非施暴於子女，那這樣保護令，只是在保護夫妻雙方，並不能推導出被

保護令核發的一方就不適合擔任子女的監護人。

某次開庭，對方當事人聲淚俱下地泣訴我的當事人對他暴力相向、情緒失控、人格異常等等，不適合照顧小孩子，只見法官幽幽說了一句：「他對你暴力，又不代表他會對小孩子暴力。」此時，我心裡很想為這位法官起立鼓掌。

實務上真正用家庭暴力防治法第四十三條推定一方行使親權不利於子女的，少之又少，其實只針對特別是父母一方虐童，而由子女為保護令的受保護人之狀況。但現實是：家庭暴力防治法第四十三條這條變成夫妻雙方拿來濫用，用來製造與對方在離婚案件爭取子女親權時的籌碼。

「滿意餐」和「豪華餐」的實際執行狀況

那麼，保護令可否夾帶「親權行使的暫時酌定」、「禁止他方跟子女會面交往」呢？剛剛故事中提到「豪華餐」的這幾款，可能讓人誤以為保護令通常具有這些功能，簡直太佛心了吧？

事實是：以法院目前的保護令案件量來看，每位法官每月動輒受理數十件，而保護令貴在迅速受理、迅速核發，但沒有對於親權的訪視報告（無論是社工或家事調查官），法院根本不敢盲目做出任何親權酌定的裁定。而且真正那些需要保護的人，要是等上一個月的訪視，搞不好就在這段時間遭遇不幸了，如果憾事發生，聲請人一定會很懊悔勾選這一款，讓法院耗時訪視。

所以**實務上，我們還真的不常見保護令內容包括親權行使的暫定，以及會面交往方式的安排**。

保護令還時常淪為夫妻爭執後報復另一方的工具，方法就是把「孩子有權、有需要見到另一父母的利益」做為祭品。前面提到的暫時保護令就是一個特別危險的例子，根本想不到當初夫妻吵架的小衝突，竟演變成半年看不到孩子的痛苦經驗（請參考 p.204）。

而關於「滿意餐」的遠離相關處所，或是進行處遇計畫，請審慎服用，畢竟這會造成對方人身自由極大限制，以及對正常工作、生活的不便利；比起被要求繳罰金，被命令上二十四小時的修身養性課還比較麻煩。

至於「豪華餐」的所有條目，我的建議是：假如不是身無分文被趕到路上、無家可歸的受害人，這幾款就免了吧！因為，一旦進了法院，法官也會委婉地請你撤回的。

實務上不常見到保護令內容包括親權行使的暫定，以及會面交往方式的安排。對日後親權判定也不必然有影響。

一律師．有話說一

關於保護令，你所應該知道的十個眉角

家庭暴力防治法以及民事保護令制度的誕生，跟婚姻中家庭暴力事件的層出不窮，有非常大的關聯。我們談過保護令（包括通常保護令、暫時保護令）在實務上常發生的問題，在此將關於保護令，你所應該知道的一些基本知識整理如下。

一、善用一一三婦幼保護專線

當發生不幸的家庭暴力狀況時，你該做的第一件事是什麼？當然是迅速跟外界取得聯絡，不要讓自己陷於全無對外求助的管道。一一三專線，是由專業社工提供二十四小時之電話接聽服務，提供有關家庭暴力防治、兒童少年保護，以及性侵害等事件之協助與救援，並可協助被害人至就近之警察機關報案處理。

二、物證會說話

保護令是由法院審理，法院審理當然需要憑證據決定，採用的證據法則是「優勢證據原則（Preponderance of evidence）」，也就是不需要讓法院得到「無合理懷疑的確信」（那是刑事訴訟採取的證據法則）；民事保護令一般只需要讓法院在兩造提出之證據兩相比較，覺得「有此事實存在」比「不存在」來得可信，產生一種蓋然性的心證即可。一般而言，有被害人之陳述，以及法院的診斷證明書，如果加害人無法提出合理或是具體證據反駁，法院就很有可能核發保護令了。

所以，被害人應儘快至醫療院所取得診斷證明書（驗傷單）後，並且詳細對醫生說明受害的經過，經醫生記載在主訴的內容中，也可能做為保護令判斷的佐證。如果尚有時間與體力，可再至警察局做筆錄，也可收集一些破損的衣物或是當時現場環境的照片。

三、申請格式並不複雜

保護令的申請，一般需要填寫雙方的基本資料，對家庭暴力事件的概述，以及相關證據的檢附。目前警察局（派出所）大多有協助被害人填寫暫時保護令或通常保護令之申請，不用特別準備。如果希望隱瞞或遮蔽被害人新的住所或庇護處，也可要求保密處理；將來申請的程序上若有需要社工協助處理，或與加害人隔離訊問，也可以特別註明。

四、言語上、精神上的傷害也可以聲請

依照家庭暴力防治法第二條第一款：家庭暴力：指家庭成員間實施身體、精神或經濟上之騷擾、控制、脅迫或其他不法侵害之行為。因此，家庭暴力不限於肢體上的不法侵害，言語上、精神上的也可以聲請。

五、除了保護令，還有暫時保護令

暫時保護令的聲請，因為重在保護的急迫性，法院得不經開庭審理就核發，故於聲請數日內就可能依據書面提供之證據核發。暫時保護令的核發，視為通常保護令聲請，於通常保護令經撤回、核發或駁回前，暫時保護令均有效力。被核發暫時保護令，相對人可以抗告，但是抗告一般來說成功率不高，一則是因為審理方式的本質，法院依據書面證據就核發，並無違反任何程序；二則，法院有可能等待通常保護令的准駁，一旦准或駁，暫時保

護令都失其效力，因此暫時保護令的抗告多半是失敗收場。

不過，暫時保護令若用在夫妻隔離另一半跟子女的手段，因為書面審理的程序方式，很容易造成一場親子隔離、難以收拾的災難。

六、保護令的審理程序

法院都會開庭審理保護令，原則上會讓聲請人與相對人各自陳述，並且一一回應對方的主張。如果有證人，最好第一次就偕同去開庭，因為法院通常希望一次就終結審理。較少需要調查到第二次以上的保護令事件，除非本來就有暫時保護令，否則，如果不急著發，慢慢調查，某程度不也表示有可能不那麼急切需要被保護？被害人如果不希望與加害人同庭，可於聲請書狀中請求隔離訊問或間隔開庭時間，或請求社工陪同。

七、保護令有時限限制，必要時可延長

原則上，通常保護令的時限是為二年以下，目前沒有延長次數的限制。

八、保護令的具體內容

法院會參考聲請人的聲請與必要性，核發保護令的部分項目：

一、禁止相對人對被害人、目睹家庭暴力兒童及少年或其特定家庭成員實施家庭暴力。

二、禁止相對人對於被害人、目睹家庭暴力兒童及少年或其特定家庭成員為騷擾、接觸、跟蹤、通話、通信或其他非必要之聯絡行為。

三、命相對人遷出被害人、目睹家庭暴力兒童及少年或其特定家庭成員之住居所；必要時，並得禁止相對人就該不動產為使用、收益或處分行為。

四、命相對人遠離下列場所特定距離：被害人、目睹家庭暴力兒童及少年或其特定家庭成員之住居所、學校、工作場所或其他經常出入之特定場所。

五、定汽車、機車及其他個人生活上、職業上或教育上必需品之使用權；必要時，並得命交付之。

六、定暫時對未成年子女權利義務之行使或負擔，由當事人之一方或雙方共同任之、行使或負擔之內容及方法；必要時，並得命交付子女。

七、定相對人對未成年子女會面交往之時間、地點及方式；必要時，得禁止會面交往。

八、命相對人給付被害人住居所之租金或被害人及其未成年子女之扶養費。

九、命相對人交付被害人或特定家庭成員之醫療、輔導、庇護所或財物損害等費用。

十、命相對人完成加害人處遇計畫。

十一、命相對人負擔相當之律師費用。

十二、禁止相對人查閱被害人及受其暫時監護之未成年子女戶籍、學籍、所得來源相關資訊。

十三、命其他保護被害人、目睹家庭暴力兒童及少年或其特定家庭成員之必要命令。

法院在某些有危險性的案件中，也可能會核發關於遠離住居所、工作處所的保護令，不過像是命遠離一百公尺、五十公尺半徑以內的範圍，其實是對人身自由限制頗大，也很輕易就不小心踏入「禁區」，所以在適用上應審慎為之。而所加害人處遇計畫有一定的時數要求，不上完也有可能被認為違反保護令。

九、違反通常保護令恐為被害人提起告訴

如果違反保護令，像是再為家庭暴力行為、踏入禁止接近的區域遭到檢舉、沒在時限內上完一半以上的處遇課程等等，都可能為被害人提起告訴或是由相關單位依違反保護令罪移送給檢察官。

十、時間緊迫下的護身符

特殊緊急危險之情形，檢察官、警察機關或縣市主管機關得依職權聲請緊急保護令，法院應於四小時內核發緊急保護令。

Q：可以聲請保護令的對象有哪些？

A：・配偶或前配偶

・現有或曾有同居關係的伴侶、家屬等

・現為或曾為直系血親、姻親

・現為或曾為四親等內的旁系血親或姻親

・現有或曾有親密關係之伴侶（不限異性或同性）

Q：保護令的主要內容是什麼？

A：通常是禁止實施身體或精神上之家暴行為、騷擾、接觸、跟蹤、通話、通信或其他非必要聯絡行為，也可以要求相對人遠離住居所、工作場所或學校等。

Q：違反保護令罰則為何？

A：違反家暴法保護令處三年以下有期徒刑、拘役或科或併科十萬元以下罰金。

命運不是關於機會的事，它是關於選擇的事。它不是一件被等待的事，它是一件被完成的事。

——威廉・詹寧斯・布萊恩

Destiny is no matter of chance. It is a matter of choice. It is not a thing to be waited for, it is a thing to be achieved.（William Jennings Bryan）

卷四

收養・給愛

養育，是恩情還是救贖？

坦白

無論孩子多愛收養他的父母，他們也不會欺騙自己以為：孩子永遠不會想瞭解自己的「根」。

【真相的告知】

「那弟弟是妳跟爸爸生的嗎？」

「對，弟弟是我跟爸爸生的。」

「那……弟弟才是妳懷孕生的，但是我不是，那……我們還是一家人嗎？」

以後，一切也都會是一樣的

「為什麼，我的……『第一個媽媽』，要把我讓給妳跟爸爸啊？」

他抬頭眨著眼睛，提出也許是他此生最大的疑惑。

十分鐘前，她和先生陪著大兒子看完了一部關於收養、叫做《嗨！寶貝》的影片，並正式告訴大兒子他不是自己親生的孩子。

「那是因為你的第一個媽媽，她們家裡比較……沒有那麼有錢，而且家裡人也很多，所以，當她看到我和爸爸，都覺得你跟我們在一起，會得到更好的照顧。」

前一晚，她跟先生反覆模擬了孩子可能問的問題，以及此刻該如何回答，但無論如何還是覺得自己答得不夠好。

「那弟弟是妳跟爸爸生的嗎？」他問。

「對，弟弟是我跟爸爸生的。」她說。

「那……弟弟才是妳懷孕生的，但是我不是，那……我們還是一家人嗎？」他的語氣流露出焦躁與不安。

「哥哥，我告訴你。我跟爸爸一直都很想要有爸爸、媽媽、小孩這樣一個家庭，但是努力了好久都沒有辦法。當我們第一眼看到你的時候，你正眨著眼睛對著我們笑，都沒有哭喔！你的睫毛好漂亮，手指好可愛，我們第一眼就覺得你是我和爸爸的小孩。我們想要跟你一起組成這個家庭，無論後來弟弟有沒有出生，將來爸爸媽媽會不會再生其他小朋友，你跟我們都永遠是不會分開的一家人。」

「真的嗎？」他說。

「真的，真的。我們愛你。」她說。一旁坐著的先生也異口同聲地說，從後緊緊抱住了孩子。

「我也愛你們，那，打勾勾。」

「好，打勾勾，蓋印章。」她和先生輪流跟孩子做出約定。

「你現在有什麼感覺，都可以對我們說。」先生說。

「我覺得有點奇怪，但又覺得好像沒有什麼不一樣。」

「對，以後都是一樣的，我們還是一樣開心的帶你去學校上課，週末一起去爬山、運動。永遠都是一家人。」先生說。

我們永遠都是你的爸爸媽媽

她跟先生討論了好幾年，經過諮詢專家以及兩人共同的決定，希望在孩子去上小學以前告訴孩子這件事，因為他們不希望將來孩子是由其他人的口中聽到這件事，他們希望孩子永遠信任他們，相信他們沒有任何事會瞞著他。再過兩個月，孩子就滿七歲了，應該能理解「收養」這種既抽象又複雜的概念。

「而且，告訴你一個祕密喔。」她說。

「什麼祕密？」孩子馬上爬到她身上靜靜聽著。

「媽媽小時候也是被收養的。」

「真的嗎？」

「對，外婆其實也不是我的『第一個媽媽』耶。但是你看，外婆對媽媽就跟對其他阿姨、舅舅沒有不一樣呀。她一直照顧我到長大，讓我唸很好的學校，一直到我自己可以賺錢，跟爸爸結婚。

她總是告訴我，我跟其他的阿姨、舅舅對她來說，都是她的孩子。」她說。

「我都不知道耶。」孩子說。

「那，以後你會想要跟『第一個媽媽』見面嗎？」

沉默片刻，孩子說：「我不知道……」

「沒有關係，如果你想看她，可以告訴我們。就像我小時候，我的『第一個媽媽』也會來看我，外婆也讓她跟我見面。那時候我就覺得，其實我很幸福，就像有兩個媽媽一樣，都很愛我、關心我。所以，如果以後你想要知道『第一個媽媽』是什麼樣的人，我們也會幫你找到她，然後繼續陪伴著你一輩子。我們本來就是，也永遠是你的爸爸媽媽。」

尋根，也是孩子的權利

無論孩子多愛收養他的父母，她和先生也不會自我欺騙，以為孩子永遠不會想瞭解自己的「根」。有朝一日，當孩子問起：「我親生媽媽長什麼樣子？」或「我可以去找他們嗎？」也許自己會有情緒起伏，甚至感到難過、擔心，但這是收養之初就預期得到的情況，必須努力保持平靜，因為孩子多少會有「知根」、「尋根」的念頭，某程度而言，也是他們的權利。

與收養相對的「出養」，不是一個孩子能輕易理解的概念。他也許很難理解，為什麼有人會將自己心愛的東西讓給別人，知道真相，恐怕會帶來深深的失落感。而此時此刻，若是有絲毫貶抑生父母的語氣，就等於貶抑了孩子的存在價值，也可能對孩子造成一輩子無法彌補的傷害。相反地，如果能夠用同理的口吻，告訴孩子，其實生父母也很愛他，只是希望他能得到更好的照顧，所以託付給收養父母，比較能撫平他的那份失落感。

告知真相的這一刻，她暗自希望自己能接納孩子一切情緒反應，允許他表達內心的感受，同時也告訴他：就像爸爸和媽媽之間沒有血緣，卻可以彼此相愛，「血緣」絕不是「愛」的必要條件。最深的愛，可以不單憑血緣，而是來自一個一輩子相伴、關懷的重要決定。

TAKEAWAY
法律重點

擬制的親子關係

民法上的收養制度，是指收養雙方的當事人，互相以取得法律上的親子關係為目的合意行為。這種經過收養法律行為成立的親子關係，親子相互間的權利義務，依民法第一〇七七條規定，除法律另有規定以外，**與一般基於血緣關係而成立的自然親子關係，並無不同**。也就是說，**養子女與親生子女一樣，對於養父母有相同的繼承權利，也共同公平地負擔扶養義務**。而這種親子關係是由於法律的擬制而成立，所以學者稱這種親子關係為擬制的親子關係。

收養關係合法成立後，養子女與養父母之間成立法律上的親子關係，那麼與親生父母（法律用語稱「本生父母」）間，究竟處於何種關係？民法第一〇八三條規定：**養子女及**

收養效力所及之直系血親卑親屬，自收養關係終止時起，回復其本姓，並回復其與本生父母及其親屬間之權利義務。但第三人已取得之權利，不受影響。

一旦收養關係成立，養子女與本生父母間的權利義務就此停止，沒有繼承權（不能兩個家庭都享有繼承權）和扶養義務。而當養子女與養父母之間的收養關係終止，養子女就會回復與本生父母之間法律上的權利義務。

只有一種狀況例外，就是夫妻之一方收養他方子女的情況。比如說丈夫收養了前妻的子女，當夫妻兩人結婚時，子女同時會有與養父、本生母親與雙方親屬間的權利義務。

重要的是建立關係

而在家庭的建立與維護上，**最重要的是養父母願意與孩子建立關係，血緣的有無，並不是問題。正如夫妻之間沒有血緣關係，卻能夠培養出真摯、堅貞的愛，那麼去愛沒有血緣關係的孩子，就如同愛沒有血緣的另一半，一樣不是難事。**

愛，終究不是寫在一紙出生證明或戶政登記上，愛是一個恆久陪伴、互相關懷的決定，一旦決定去愛，我們應該就要窮盡所能的去愛。

流浪

拜託您，讓我們終止收養吧！我們實在無能為力再當他的父母了！

【終止收養】

本來一直不想告訴他，因為連續劇不是常常演收養的孩子，知道身世之後就離家出走或對父母不孝嗎？我們也怕他一旦知道妹妹是我們親生的，會有不平衡的心態，或誤以為我們偏心。所以，本來想能瞞多久算多久。

這孩子我們已經管不了了！

家事庭上，法官看了看空蕩蕩的被告席，轉頭看向原告席上的一對夫妻：「你們為什麼要對他聲請終止收養呢？」

「這個孩子我們已經管不了了。他現在國三。國二時，就跟一個比他小的女孩子交往，好幾次趁我們白天上班，帶回家胡搞。結果呢？女孩子後來就懷孕了，被她父母親發現後，就去墮胎，墮完了就來告性侵害，然後還告我們民事要賠她五十萬。我們哪裡有這個錢！」養父義憤填膺地說。

「可是這孩子都養這麼大了，當父母本來就應該要好好管教啊，你們這樣就來聲請終止收養，不會有點不負責任嗎？他還未成年耶……」法官狐疑地問。

養母接著說：「當年以為自己不孕，從兒福機構知道這孩子是孤兒，一歲多就把他帶回來，一路撫養長大。我們不是有錢人，但也從來沒有虧待過他。

不過，他開始上學以來，鄰居跟朋友偶爾會說他長長的單眼皮，跟雙眼皮大眼的我們不像，不知道像誰。青春期以後，頭髮開始自然捲，髮質跟身材也跟我先生毫無相似。尤其後來我們意外懷了妹妹，妹妹出生後跟我簡直一個模子印出來似的，所以他就越來越懷疑自己不是我們的親生孩子。」

「那，你們有告訴他身世嗎？」法官問。

「本來一直不想告訴他，因為連續劇不是常常演：收養的孩子知道身世後，不是離家出走，就是對父母不孝嗎？我們也怕他一旦知道妹妹是我們親生的，會有不平衡的心態，或誤以為我們偏心。所以，本來想能瞞多久算多久……」養母說。

他跟我們差太多了，是不是像他的親生父母？

養父接著說：「不過，這孩子真的跟我們脾氣差太多了。有些孩子學校不是會抓一些昆蟲玩嗎？這孩子就常弄一些分屍、虐待的恐怖遊戲，不知道是不是像到他親生父母？」

法官忽略養父的評論，繼續問：「那到底他是何時知道的？」

「小學五年級，有一天他在學校跟同學打架了，我先生回家訓斥他，一時情緒來了就罵說：『到底是誰家小孩？這麼頑劣！』他聽了，一發不可收拾，把他從小聽鄰居、同學嘲笑他是外面撿來的……有關身世的疑問全都宣洩出來，不斷逼問我，他到底是不是我們親生孩子。我們看瞞不住了，只好告訴他。」養母邊說邊啜泣。

「聽起來不是一個很好的時機。」法官嘆了口氣。

「他知道自己的身世之後，就開始變壞了。逃學、夜不歸營是家常便飯，還一天到晚跟一群校內、校外的問題分子鬼混、上夜店、拉K、被警察臨檢，我們都不知道跑過幾次警察局跟少年法院了。唸他，他會頂嘴，個頭越來越高，我打他，他幾乎都要還手了，媽媽也被他推過，還撞到門。我們已經無能為力。法官，他現在簡直就像匹脫韁野馬，又弄出性侵害案件跟民事賠償，我們都快瘋了。法官，拜託您，讓我們終止收養吧！我們實在沒辦法再當他的父母了！」養父也情緒激動，哽咽了起來。

被背叛兩次的孩子，還有可能再去信任嗎？

法官低頭拿筆寫了一張審理單，約莫過了五分鐘，他抬起頭來說：

「我會再傳他來開庭一次，如果不到的話，也會請家事調查官去訪視他。我們的通知單上都會寫開庭的案由，這一件就寫著『終止收養』，我想他應該是在躲避這件事情，不敢面對這個他可能已經預料到的局面。」

「唔？法官，你說他知道我們會提終止收養？」養父疑惑地問。

「其實，他的一切問題就從小五得知身世那天開始，不是嗎？之前種種應該不是問題。一般調皮的孩子都會去玩弄一些小花草、昆蟲，你所說的那些不足以證明他品性乖戾，或跟你們都不一樣。也許潛意識裡，差異性是你自行擴大解釋的，但只要有些潛意識顯露在行為上，孩子是很輕易就能察覺的。」

「另外，也可能是女兒出生後，你們非常歡喜，難免忽略他。再加上小五那天告知他的氣氛不太合適，更是讓他自己從鄰居、其他人口中懷疑而得知。因此，對你們的信任就動搖了，他感受到一種被背叛的感覺，想起過去你們對他好，也許是一種虛情假意，而這種深層的情緒是你們當下盛怒時難以撫平的。」

「而他之後所做的每一件特立獨行的事，其實都在吸引你們注意。這種心態有點矛盾，一方面懷疑你們是否真的愛他，另一方面又期望你們注意到他。因為他的一切跟妹妹比起來，妹妹是那麼可愛乖巧、常被稱讚，而他只是老師、父母的眼中釘，功課可能不甚突出。所以希望再一次贏得你們的注意，但沒想到這些舉動只是把你們跟他推得越來越遠。」法官語重心長地說。

「發現被自己的親生父母拋棄這件事，是一個人的基本人格跟尊嚴被否定的時刻。他發現這樣的真相後，一定難以釋懷，而你們當時有好好幫助他撫平傷口、重新建立自信嗎？我想可能沒有。那就像是本生父母不要他，收養的父母也害怕他、想遠離他。每個人心中都有的那種安全感，他並不具備；他就像是已經在一個人的曠野裡流浪很久了，不知何時找到一個真正接納他的地方駐足停下。所以，我覺得他應該也預料得到這一天。」

法官說完，養父只是怔怔望著螢幕。養母則忍不住嚎啕大哭。

「好了，無論如何，還是希望你們努力看看，如果需要親子諮商，也可以由我們法院來介紹，你們可以再考慮看看是不是要做終止收養。這庭就開到這裡，簽完名，你們就可以離開了。」

TAKEAWAY
法律重點

收養的親子關係，靠責任與愛維持

民法

第一〇八一條

養父母、養子女之一方，有下列各款情形之一者，法院得依他方、主管機關或利害關係人之請求，宣告終止其收養關係：

一、對於他方為虐待或重大侮辱。

二、遺棄他方。

三、因故意犯罪，受二年有期徒刑以上之刑之裁判確定而未受緩刑宣告。四、有其他重大事由難以維持收養關係。

養子女為未成年人者，法院宣告終止收養關係時，應依養子女最佳利益為之。

第一〇八三條

養子女及收養效力所及之直系血親卑親屬，自收養關係終止時起，回復其本姓，並回復其與本生父母及其親屬間之權利義務。但第三人已取得之權利，不受影響。

收養的親子關係，其實並不比一般有血緣的親子關係複雜，重點是養父母是否願意跟養子女建立一種恆久的親子關係。

多少離婚訴訟中，父母雙方為了可愛的孩子爭得你死我活？但更不為人知的是：少年法庭中，多少子女長大了，不再可愛，又因為犯了錯，多少父母（或養父母）又爭相推卸自己的責任，撇清彼此關係？

這世上有很多將養子女視如己出的父母，也不是每個養子女發現自己的身世，都會變壞。該注意的是，子女們遭告知真實身世時的情境與話語，是否是孩子所期待或準備好接受的？

親子關係的維繫不該只是血緣

年齡過小時告知，孩子可能無法理解這種法律後天設計的複雜收養概念。年齡過大，則可能出現孩子對父母的信任危機。

相信有一部分養父母不願意或不敢告訴養子女收養的事實，因為擔憂孩子可能就此遠離。但是**孩子的心跟親子關係的維繫，應該不是單純知道血緣的真相所左右，關鍵還是在於父母親願不願意陪伴、聆聽，與孩子建立緊密的親子關係**。

千萬不要將孩子的過錯歸咎於「不是自己親生的，才會這個樣子」這種沒有根據的假設，因為，養父母這種意識的行為反映，只會讓孩子感到遭到懷疑，更加不能肯定自己，從而也讓行為朝向負面進展，產生惡性循環。血緣是無法選擇的，身為養子女，再被終止收養，如同人生中二度遭到遺棄，要再重新站起來，談何容易？

收養是後天建立的親子制度，何時與如何告訴孩子血緣真實性，對孩子的心理發展至關緊要。

楊律師問答室

Q 單身也可以收養小孩嗎？

A 民法上對收養人並未設有須結婚才能收養的限制，也就是**單身依然可以收養子女，只是收養人必須比被收養人年長二十歲以上**。

而依照兒童及少年福利及權益保障法，除繼親收養與近親收養外，收養無血緣關係之孩子必須透過合法之收出養媒合機構進行評估後，才能協助媒合。機構在評估收養人時，會著重於照顧能力、支持系統、經濟能力、性別角色學習等因素，還有收出養雙方對收養的期待。

有時候，有些出養人自己本身為單親家庭，故期待孩子未來能由雙親家庭撫育，從而，單身的收養人可能在期待條件上不一定符合，以致於在等待媒合的順位上及時間上會耗時較久。

—律師．有話說—

在台灣，要如何辦理收養？

過去有許多想要有孩子，而無法自己生育孩子的夫妻（或成人個體），法律讓大家自行尋覓被收養的對象，收養人可私下與出養人約定好後至法院聲請認可，法院同意的話，收養關係即可成立。

然而在民國一〇〇年十一月十一日通過三讀、一〇一年五月三十日正式上路施行的「兒童及少年福利與權益保障法」，使得台灣的收出養制度出現了完全不同的風貌。其中最主要的就是，**針對未成年、沒有血緣關係以及一定親等之外的收養，皆需透過主管機關許可的專業機構來媒合收養雙方**，其他還有國內收養優先、收養人應接受親職準備教育等規定。

收養的基本法律要件與限制

在此簡單介紹一下無論在新法或舊法時期，收養都必須具備的基本要件及限制。

・收養人與被收養者之間須有收養之合意

被收養人未滿二十歲時，要得到其法定代理人的同意。

・收養人與被收養人間要有一定年齡之差距

收養者的年齡，基本上需要大於被收養者二十歲以上。但夫妻共同收養時，夫妻之一方長於被收養者二十歲以上，而他方只年長被收養者十六歲以上，也可以收養。夫妻之一方收養他方之子女時，應大於被收養者十六歲以上。

・不可以是近親或輩分不相當親屬間之收養

下列親屬不可以成立收養：

一、直系血親。例如：奶奶不能收養孫女。

二、直系姻親。例如：父親收養女婿。但夫妻之一方，收養他方之子女，則可以。

三、旁系血親在六親等以內及旁系姻親在五親等以內，輩分不相當者。所謂輩分不相當，例如：晚輩收養長輩、姪子收養叔叔等，會造成其他人親屬關係跟著紊亂。

・夫妻應共同收養

夫妻收養子女時，應共同為之。除非是夫妻之一方收養他方之子女，或是夫妻之一方不能為意思表示或生死不明已逾三年。

・夫妻之一方被收養時應得他方之同意

當夫妻之一方被收養時，應得他方之同意。除非他方不能為意思表示或生死不明已超過三年。

・子女被收養時應得父母之同意

子女被收養時，須取得原生父母的同意，也就是父母必須有出養的真意。除非父母一方或雙方對子女未盡保護教養義務或有其他顯然不利子女之情事而拒絕同意（例如家暴），又或父母之一方或雙方事實上不能為同意的表示（例如一位父母已無意思表示之能力）。出養的同意，須作成書面並經公證。

・收養應經過法院認可

除了書面同意書，收出養還需要經過法院的認可。

收養的新制與舊制比較

項目	舊制	新制
收出養方式	父母或監護人可自行或透過收出養機構代覓收養人（舊法第十八條）	除夫妻收養他方子女、旁系血親在六親等之內及旁系姻親五親等內者，其餘都須委託收出養媒合者（新法第十六條第一項）
收養人的資格審查	法院認可前應命主管機關或兒少福利機構調查出養必要性，並對收養人提出調查報告及建議（舊法第十四條）	增列法院得命收養人接受親職準備教育課程、精神鑑定、藥酒癮檢測等，費用由收養人自行負擔（新法第十七條）
收養服務之收費	由政府補助	由使用收養服務者自行付費（人事、行政管理費）安置費則由中央、地方政府與民間團體負擔。
優先收養	無特別規定	國內收養人優先收養（新法第十六條）

新舊制最大的差異在收出養媒合制度。

關於媒合，大家可以理解成「配對」的概念，也就是說，無法再以私下約定方式進行收養程序，目的是為了保障收出養人及被收養兒童的權益。而繼父母與近親收養，則可以直接向法院聲請，不需透過收養媒合者。

審慎卻冗長的收養新制

新制中新增了以國內收養人優先收養的原則，也就是說，當國內的兒童或少年有出養必要性時，應優先以國內收養人為收養，而且，通常要進行三次國內媒合失敗，才會開始進行國外媒合。

修法原則是基於海牙國際公約「跨國收養方面保護兒童及合作公約」（Convention on Protection of Children and Co-operation in Respect of Intercountry Adoption）之精神，此外，為了防止不肖業者誘拐、出賣和販賣兒童及少年，新制也規定未經許可從事收出養媒合服務者，由主管機關處罰鍰並公布姓名或名稱（新法第八十七條），以期杜絕不法販嬰等行為。

除了國內優先收養，新制要求較嚴謹的訪視調查與評估報告，法院也可要求試養期間以進行評估，此外，收養人還得接受親職準備教育課程。雖然整體的程序較為審慎，但比起舊制耗時長達到兩、三倍，最長可到三年。

也因此，新制施行以來，有民眾陳情表示審核過程冗長，在受訓及評估期間，監護權仍歸屬其原生家庭，孩子不一定能留在自己身邊，而如果孩子在期間遭逢重大意外，情況將更加複雜。

可見新制雖然立意良善，但對於真正想收養孩子的家庭來說，程序仍屬複雜。然國家政策及法規已確定，有意收養者也只能盡力與合適之媒合機構密切配合，以加速評估流程。

命中註定的情感，是否會被程序正義所犧牲？

新法施行後，部分專家認為新制禁止私下交易的行為雖然沒錯，卻犧牲了收出養雙方那種奇妙因緣的感覺。

過往，常常有養父母形容自己和孩子第一次見面時就有種「命中註定」的親近感，願意跨越無血緣的事實而變成親子，這種動機說來彷彿是自我催眠，卻對收養過程有著歪打正著的效果與意義。

新制上路後，收出養雙方必須透過客觀的數據指標進行配對，篩選出所謂「適合的親子關係」。由於評估過程十分耗時，不但可能因此錯過了孩子嬰幼時期發展親情的關鍵期，也徒增配對失敗的風險，而過去那種有緣分的奇妙情感，也很難透過單純的數據呈現。

新收出養媒合制度的設計主軸，雖是為了避免孩子的權益遭受剝奪，但台灣目前的收出養媒合服務機構僅有八家，是否足以因應每年近千案對於非血緣、非近親的收養需求？冗長的認可程序，是否能符合亟需收養子女的國民需求？這些仍有待觀察。

合法的收出養媒合服務單位

- 財團法人一粒麥子社會福利慈善事業基金會
- 財團法人中華民國兒童福利聯盟文教基金會
- 財團法人忠義社會福利事業基金會附設台北市私立忠義育幼院
- 財團法人天主教福利會
- 財團法人勵馨社會福利事業基金會
- 財團法人高雄市私立小天使家園
- 財團法人天主教善牧社會福利基金會
- 財團法人宜蘭縣私立神愛兒童之家

「痛苦跟折磨對智慧與心量的養成，是無可避免的。那些真正偉大的人，一定都有很難受的經歷。」

——費奧多爾・杜斯妥也夫斯基

Pain and suffering are always inevitable for a large intelligence and a deep heart. The really great men must, I think, have great sadness on Earth.（Fyodor Dostoyevsky）

卷五

繼承‧權與錢

我只是拿回應拿的，不對嗎？

情書

她仔細看了一下那封遺囑，發現上面好幾個字的筆跡，跟老頭的運筆筆順不符。

【繼承權的喪失】

沒過幾天，他就撒手人寰。

妻子整理他的遺物時，想起了他說的那個信封，打開抽屜一看，是一封遺囑，但遺囑寫的是所有的不動產全歸給小兒子，只留給母親跟大哥一些現金……

他跟妻子結縭三十年。這些年，孜孜矻矻的奮鬥，妻子一路相陪，也為他生了兩個兒子。那陣子，他時常頭痛欲裂，夜不成眠，到醫院檢查之後，醫生告知他早已罹患淋巴癌，癌細胞已經轉移到腦部，樂觀估計，大概也只剩下不到三個月的時間。

那天，他不知道自己怎麼一個人走回家的，想到小自己十歲的妻子還很有活力，自己日子不多，這些年來掙的一分一毫、一磚一瓦，少說她也貢獻了一半，應該要把遺產的大部分留給她吧。

至於兒子們呢。老祖先不是說了嗎？兒孫自有兒孫福，照顧妻子所剩的金錢，再留給他倆兄弟去處理吧！話說回來，小兒子求學過程桀傲不遜，行事總是比較讓人不放心，最近也差不多兩三個月沒回家了……

他決定將大部分的遺產都留給了妻子，上網查了一下什麼是「特留分」，將相當於特留分比例的現金留給兒子。心想：這樣總不會跟老媽爭了吧！他一字一句、親筆寫好遺囑，並將遺囑裝入信封彌封，再收進衣櫃底下的抽屜裡。

不久，他的病情急轉直下，住進加護病房。彌留之際，他告訴妻子：不要傷心，此生能有她的陪伴已經很幸運，希望自己離開後也能照顧她。衣櫃底下有個抽屜，去找找看，那裡有他給她此生最後一封情書。

妻子說：「別傻了，你不會死的，看什麼呢。」

沒過幾天，他就撒手人寰。妻子整理遺物時，想起了他說的那個信封。打開抽屜一看，是一封遺囑，但遺囑寫的是所有的不動產全歸小兒子，只留給母親跟大哥一些現金。她心想，怎麼跟老頭走前說的不一樣，如果這就叫「情書」，他活著的話，一定掐著他的脖子罵他。

她問了家裡的外傭。外傭說：「有天從醫院回來拿老爺的衣服時，發現老爺更衣室的燈沒關，好像衣物也被翻過。」

她跟外傭確定是哪天後，調了家門口的監視錄影，發現那幾天在醫院照顧老頭的時候，小兒子都曾回到家中，接著又在她們回家之前，準時離開。

她又仔細看了看那封遺囑，發現上面好幾個字的筆跡，跟老頭之前文件的運筆筆順不符，像是「玉」這個字，他可從來沒有過中間畫圈的寫法。

於是，她把兩個兒子都叫回家來，把那封遺囑拿出來給兩個兒子看，也要小兒子看一下監視錄影，質問他怎麼一回事。小兒子起初還囁嚅著自己只是回家來拿個東西，絕沒有動老爸的物品。

等到她把小兒子唸書時寫的週記拿出來給他看，上面寫過的「玉」字都是中間畫圈的筆順。小兒子的心防這時才被突破，坦承自己知道老爸將走，不會留什麼財產給沒出息的自己，而最近在外面做生意又欠了不少債，心想老爸應該有留下遺囑，就在家裡翻了一遍。最後，找到了裝有遺囑的信封，在好奇心驅使下打開來一窺究竟。沒想到老爸把所有不動產全都歸給老媽，那些分給自己的現金還無法解他被債主討債的燃眉之急，才心生一計把遺囑取走。但又怕家人找不到遺囑，事跡敗露，於是模仿父親的字體撰寫遺囑，再放入抽屜內，取代真正的遺囑。

大哥聽到這邊已經火冒三丈，直說要找律師問弟弟這樣是否觸犯什麼刑責，到底還有沒有繼承權。小兒子馬上跪下，抱住哥哥的腿，拜託他不要報警，也回頭跟媽媽哭求，能否幫忙他度過難關，說完從口袋裡掏出一張紙。

「啊，這才是他說過的那封……」她說。

法律重點 TAKEAWAY

在什麼條件下會喪失繼承權？

也許有人會以為父母子女，繼承權與生俱來，也不能任意奪走。但是，依照民法的規定，繼承權並不是絕對的權利，**當有下面所說的事由發生時，會讓繼承人喪失繼承權，而這個喪失，是連特留分的權利也沒有的。**

根據民法第一一四五條第一項，有左列各款情事之一者，喪失其繼承權：

一、故意致被繼承人或應繼承人於死或雖未致死因而受刑之宣告者。

二、以詐欺或脅迫使被繼承人為關於繼承之遺囑，或使其撤回或變更之者。

三、以詐欺或脅迫妨害被繼承人為關於繼承之遺囑，或妨害其撤回或變更之者。

四、偽造、變造、隱匿或湮滅被繼承人關於繼承之遺囑者。

五、對於被繼承人有重大之虐待或侮辱情事，經被繼承人表示其不得繼承者。

喪失的繼承權是可以被回復的嗎？

上述的第五款失權，原本就是基於被繼承人的表示而定，之後當然也可以因為被繼承人之宥恕而回復繼承權。至於其中的第二款到第四款，就失權事由的嚴重性而言，第五款比第二款到四款還嚴重。既然第五款都可以因為被繼承人的原諒而回復繼承權，所以依「舉重以明輕」之法理，就應該容許在第二款到第四款的情形，繼承人得以被繼承之宥恕而回復繼承權。在上述案例中，小兒子不僅隱匿，還偽造了父親的遺囑，當然已經喪失了繼承權，而且被繼承人也不在了，不可能死而復生地對他做任何宥恕，除非，母親跟大哥願意另外做遺產分配協議，讓他分得一部分。

藏匿、變造遺囑等行為，或用脅迫等方式逼迫被繼承人立下遺囑，都會直接造成繼承權的喪失。

家業

老爸說要全給我，我就能全拿！

【遺產的特留分與應繼分】

如果承認他有無限的處分權，
則恐怕繼承人將無財產可繼承，
陷入飢餓之苦境，
且甚至造成家的分解……

案例一

一位父親白手起家，打造了足以讓家族後代經營的獨資事業。但在老年之後，因為在外結交了紅粉知己，立下遺囑將所有的財產都遺贈給這位紅粉知己。

原本跟著父親準備繼承家業的兒子，沒有辦法繼承到遺產，獨資事業也因為缺乏資金挹注而隨之告終。

案例二

某知名集團前總裁過世後，任職集團董事長的四子透過公司公告，升任集團總裁。前總裁的手寫遺囑在同日晚間曝光，證實前總裁的存款、股票、不動產、總裁一職，全指定由四子繼承。

遺囑中要求集團副總裁共同協助四子接任，最後並提到，希望眾子女及孫輩們，皆能和睦相處，互相照顧。

掌握集團多數股份的其他子女，旋即回應「對〇〇〇逕行片面宣布升任集團總裁一事，並公布私密遺囑，殊屬遺憾」。並且在一個月內，透過撤換法人代表董事的方式，拔除四子在集團內的職務。

最後，四子黯然卸下董座，並且透過律師表示，想完全離開集團，甚至可以將所有股權賣給兄長，換成現金重新創業，闖出新的人生……

TAKEAWAY
法律重點

講到繼承，大家都知道指的是被繼承人死亡，法律規定，由被繼承人的特定親屬做為繼承人，繼承他的一切權利義務。而大家最關心的，不外乎是「who（繼承人是誰）」跟「how much（可以拿多少）」，而這些問題也常常牽涉一些只聞其名，不知其義的名詞。

繼承人是誰？

民法第一一三八條規定：

遺產繼承人，除配偶外，依左列順序定之：

一、直系血親卑親屬。

二、父母。

三、兄弟姊妹。

四、祖父母。

這個順序是遺產繼承的順位，當前一順位的繼承人不在時，才由下一個順位的繼承人繼承。由此可以看出，配偶的繼承人地位是非常受到保障的——**無論其他順位的繼承人存在與否，配偶都會跟其他各順位的繼承人共同繼承**。

可以拿多少？應繼分與特留分

應繼分是指：按照繼承人次序與人數，在沒有遺囑的情況下，每位繼承人可以分配到的遺產比例。特留分是指：繼承人不受被繼承人以遺囑做遺贈或指定應繼分的影響，能夠保留的最少遺產的比例。

民法基本上尊重被繼承人有以遺囑方式將遺產分配給繼承人或非繼承人的意願。因此有以下規定：

一、**被繼承人可以指定繼承人的應繼分**

就如：爸爸有三個孩子，但特別喜歡老么，因此，用遺囑將他所有財產都指定由老么繼承，這又稱為「指定應繼分」。

二、**被繼承人可以以遺囑方式將其財產無償指定贈與給非繼承人，又稱為「遺贈」**

例如：爸爸生前有個好朋友，他雖然有配偶也有兒女，但還是生前用遺囑把財產指定一半分給這位好友。

而特留分的設計最早來自於參考日本法而引進的大清民律草案。雖然基本上尊重被繼承人可自由處分其財產，但是如果承認他有無限的處分權，則恐怕繼承家名或家族地位的繼承人因為無財產可繼承，將陷入飢餓的苦境，甚至造成家的分解。特留分就是用來平衡被繼承人處分自己財產的自由，以及保證繼承人的利益（如避免孤兒寡妻生活限於困境）的法律機制。

例如以上案例一的無法繼承家業的兒子，以及案例二中被排除在遺囑之外的其他子女，都是特留分未受保護的例子，在法律上就需要檢討繼承人的特留分是否有遭受侵害，而有回復的問題。

不過，近來「尊重立遺囑人對財產分配的意願」的呼聲越來越高，也可能是因為過去需要特留分所保障的那種「家業」減少了，因此，修法趨勢上會將特留分的比例再為調降，我們很快就有可能迎來更低的特留分比例。

> 特別提醒大家，正確的法律文字是應繼「分」和特留「分」，而不是應繼「份」跟特留「份」，這兩個字錯寫的程度之頻繁，不諱言連許多法律從業人員都會寫錯。

「應繼分」與「特留分」的規定比例

再進一步認識應繼分和特留分比例前，可以先有這兩個認知：

- 應繼分比特留分多，因為特留分是以每個繼承人的應繼分為基準推算出來的。
- 當繼承人的應繼分因為遺贈而有所剝奪或減少，才會產生是否要對繼承人的特留分加以保護的問題。

應繼分比例

繼承人	配偶比例	配偶以外繼承人比例
配偶＋直系血親卑親屬	與其他繼承人一起按人數均分	
配偶＋父母	1/2	共1/2
配偶＋兄弟姊妹	1/2	共1/2
配偶＋祖父母	2/3	共1/3
僅配偶	全部	

特留分比例

身分	特留分比例
配偶	應繼分的1/2
直系血親卑親屬	應繼分的1/2
父母	應繼分的1/2
兄弟姊妹	應繼分的1/3
祖父母	應繼分的1/3

前面介紹了繼承上的應繼分與特留分，以下以實際應用舉例。

Q：某甲於民國一〇三年六月九日死亡，他死亡後留下一筆一千二百萬元的遺產，請問：這筆遺產由何人繼承？繼承人能分配到的遺產有多少？

A：1 繼承人為配偶、兒子、女兒

當配偶與第一順位繼承人（直系血親卑親屬）共同繼承時，配偶與直系血親卑親屬平均繼承。所謂的直系血親卑親屬，則不僅指兒子，也包括孫子。但是如果兒子跟孫子同時存在，則以親等近的兒子優先。所以假如甲還有個孫子，當兒子以及女兒在世時，兒女優先於孫子，所以孫子就沒有繼承權。

繼承人含配偶共有三人，配偶與兒女的應繼分比例則都是三分之一。

2 繼承人為配偶、父母

當配偶與第二順位繼承人父母時，配偶的應繼分比例是二分之一，其他繼承人平均繼承二分之一。

假設甲沒有子嗣（無任何直系血親卑親屬），此時由第二順位的父母親與配偶共同繼承。父母的應繼分為二分之一，配偶則獨得二分之一。

3 繼承人為配偶、兄弟姊妹

當配偶與第三順位的繼承人兄弟姊妹共同繼承時，配偶的應繼分比例是二分之一，其他繼承人平均繼承二分之一。

如果甲沒有子嗣，父母親也都不在世，則應由第三順位的手足與配偶共同繼承。而配偶的應繼分仍是二分之一，手足則得到二分之一。如果甲有多個兄弟姊妹，則由這些兄弟姊妹按照人數平分二分之一的遺產。

4 繼承人為配偶與祖父母

如果甲沒有子嗣與兄弟姊妹，且父母親都不在世，此時就輪到第四順位的祖父母跟配偶共同繼承（這狀況滿罕見的）。配偶的應繼分為三分之二，祖父母則共得三分之一，所以兩人都在世的話就各六分之一。

5 配偶單獨繼承

如果甲沒有生小孩，父母親、祖父母也都不在了，甲更是獨生子，沒有兄弟姊妹，那配偶就獨得了甲的一切遺產。

6 沒有配偶

在甲沒有配偶的情況，就視各順位的繼承人存在與否：兒女存在，則由兒女依人數均分。無兒女而父母親在，則由父母親均分。沒有兒孫、父母親也不在，則交給兄弟姊妹按人數均分。

Q：如果某甲在遺囑中指定應繼分或是遺囑遺贈給第三人，造成各繼承順位繼承人能分配到的遺產少於其應繼分，會發生什麼事？

A：此時，法律會賦予各繼承人去向遺贈的財產扣減回來的權利（民法第一二二五條規定參照，這條也是民法的最後一條）。

假設甲之遺產為一千二百萬元，法定繼承人有配偶、兒子、女兒共三人，但生前用遺囑將他的遺產贈與八百萬元給乙。

1 甲的配偶、兒子、女兒原本的應繼分各為三分之一，特留分就是各六分之一。以遺產計算，每人應得二百萬元（共六百萬元）。

2 但遺產透過合法遺囑要遺贈八百萬元給乙後，只剩下四百萬元，配偶加上兒女應得的特留分為六百萬元，還短缺二百萬元。此時，當配偶與兒女行使特留分的扣減權時，乙就必須被扣減回二百萬元，歸回給配偶和兒女繼承。

應繼分是沒有遺囑時依法規定的遺產分配比例，特留分則是遺產分配時對繼承人的最低保障。

一半

我們並不打算生孩子，要是有什麼三長兩短，父母親也不在了，那遺產會怎麼繼承？

【兄弟姊妹間的繼承】

「你們是要問這位妹妹，有沒有繼承父親財產的權利嗎？」

「這個其實我們知道，『那個妹妹』跟我們一樣都有父親遺產的繼承權，但是現在的問題不是這樣……」

這天，兩兄弟走進律師事務所，介紹來的朋友只說他們有些繼承的事情想諮詢。

律師問：「聽說你們想諮詢關於遺產的事情？是父親的？還是母親的呢？」

哥哥先開口：「其實，我們的父母都還健在。只是，父親在滿久以前就外遇了，而且也跟外遇對象生了一個女兒。當然我母親並不諒解，所以我們跟這個同父異母的妹妹也都沒有任何往來。」

律師問：「你們是要問這位妹妹，有沒有繼承父親財產的權利嗎？」

弟弟說：「這個其實我們知道，『那個妹妹』跟我們一樣都有父親遺產的繼承權，但是現在的問題不是這樣……」

哥哥接著說：「我已經結婚，但是還沒有小孩，而我弟弟則還沒有結婚。母親名下有一些財產，包括房地產。她近年來身體比較不好，想要把財產先過戶給我們。但是，我們是在想，以我們現在的狀態來說，應該沒打算有下一代，我們要是有什麼三長兩短，而父母親也不在了，那我們的遺產會怎麼繼承？」

「喔，你們問了一個好問題，你們是擔心媽媽留下來的財產，會不會讓這個『外面的妹妹』得到吧？」律師問。

弟弟說：「不瞞您說，這正是媽媽要我們來問的。」

「這個問題的解答是『妹妹會有權利繼承你們的財產』。因為以繼承的順序來看，你們沒有子嗣，如果父、母親都已經離開，那下一順位就是兄弟姊妹了。而這個兄弟姊妹並沒有分『同父同母』或『同父異母』，那個妹妹雖然只有跟你們半血緣關係，但是依照民法，她確實可以跟另外的兄弟共同來繼承你們的財產。」律師答。

哥哥問：「那律師，我們該怎麼辦呢？」

律師說：「快點生出孩子啊！」

兩兄弟相視而笑，哥哥說：「這個也是要天時地利人和，一言難盡。」

弟弟苦笑道：「我也只能看緣分。」

「好吧。不勉強你們，在還沒生出下一代前，可能只有預立遺囑了吧，利用遺囑把能分配給妹妹的部分侷限在最小。」律師說。

「不是還有所謂特留分的問題嗎？」弟弟問。

「是的，你有做功課。但遺囑的安排還是尊重你們的意願，至於特留分是否爭取，則是她的權利。」律師答。

哥哥說：「好吧，那律師我們想做遺囑，請問要怎麼做？」

法律重點 TAKEAWAY

全血緣或半血緣「兄弟姊妹」的遺產繼承順序？

繼承人的順序依據前篇所述，除配偶外依序為：直系血親卑親屬、父母、兄弟姊妹、祖父母。

不論全血緣或半血緣，兄弟姊妹都享有同樣的繼承權，我們大概可以想像得到：「當父親或母親過世時，則同父異母或同母異父的兄弟姊妹同樣有繼承權，且應繼分應該由所有子女均分。」

比較有趣的是，如果甲單身又沒有後代，有兩個同父異母卻沒見過面的兄弟。當甲過世時父母親也不在世。這個時候，大家以為同父異母的陌生兄弟應該跟某甲的遺產繼承無關吧？那可就大錯特錯了。

當你沒有子孫，父母也不在了，就輪到第三順位的繼承人，民法規定的是「兄弟姊妹」，而無論是全血緣或半血緣的「兄弟姊妹」都在這個規定之列。所以，縱使同父異母或同母異父的兄弟姊妹間，住得距離十萬八千里，井水不犯河水，甚至一輩子都沒見過面，反而可以互相繼承。也就是說，跟甲老死不相往來的同父異母兄弟，若前順位繼承人都不在，就可能分得甲之遺產。

如果以上所說的，你很幸運地都有意識到，但沒有把握有生之年會有子嗣，或者連配偶有無都不確定，卻又不想讓同父異母或同母異父之兄弟姊妹分得高比例的遺產，**那可以做的或許就是提早擬定遺囑，做好遺贈或遺產信託的規畫。**

不論全血緣或半血緣，兄弟姊妹都享有同樣的繼承權，且是繼承人的第三順位。

分配

法律規定遺囑只能長得像這樣……

【遺囑的法定要件】

很多人在「未知生，焉知死」的傳統觀念下，會避諱在生前提早就自己的財產作分配。但是，實務上層出不窮的爭產案件告訴我們一件事：還是趁自己意識還清醒、表達能力良好時，早點準備吧！

遺囑處理一個人身後一切財產的分配，代表著是被繼承人生前的意志，若有內容不清楚或難以證明是本人意志者，非常容易形成繼承人間之紛爭，因此，台灣民法對於遺囑是有嚴格的「法定程式」的。

也就是說，民法所承認的遺囑只能是以下這五種：自書遺囑、公證遺囑、密封遺囑、代筆遺囑及口授遺囑。

而其中證人需幾位，如何宣讀、如何簽名，都有詳細羅列要件，萬一無法理解，還是建議找法律專業人士諮詢，千萬不要為了省時間、省錢，自己隨性起了一份遺囑，一旦有任何不合法律規定的地方，可能造成效力全無，立了也只是枉然，或者，更糟的是，引發繼承人們的纏訟不休，那還不如不立啊！

就算依照法院見解，某些形式上部分違反之情形，例如：

在塗改或增減的字數上並未寫上增刪的字數，或是忘了在旁邊簽名，實務上有些法院會比較遵照筆跡、指紋鑑定的意見，決定遺囑的效力，或是看這些形式上違反的部分是否涉及遺贈部分，並不一定認為遺囑全部無效。

但是一旦漏了某些形式要件，讓子孫、配偶需要為此對簿公堂，透過法院才能確定遺囑效力，一定不是立遺囑人的本意。

在「未知生，焉知死」的傳統觀念下，很多人會避諱在生前提早就自己的財產作分配。但是，實務上層出不窮的爭產案件告訴我們一件事：

還是趁自己意識還清醒、表達能力良好時，早點準備吧！別等到意識不清、命在旦夕時，才讓子孫「強讓」自己做了遺囑，造成後續爭議不斷。

TAKEAWAY
法律重點

台灣遺囑的法定作成方式

・**自書遺囑**

應自書遺囑全文，記明年、月、日，並親自簽名；如有增減、塗改，應註明增減、塗改之處所及字數，另行簽名。

・**公證遺囑**

應指定二人以上之見證人，在公證人前口述遺囑意旨，由公證人筆記、宣讀、講解，經遺囑人認可後，記明年、月、日，由公證人、見證人及遺囑人同行簽名，遺囑人不能簽名者，由公證人將其事由記明，使按指印代之。

・**密封遺囑**

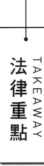

應於遺囑上簽名後，將其密封，於封縫處簽名，指定二人以上之見證人，向公證人提出，陳述其為自己之遺囑，如非本人自寫，並陳述繕寫人之姓名、住所，由公證人於封面記明該遺囑提出之年、月、日及遺囑人所為之陳述，與遺囑人及見證人同行簽名。

．**代筆遺囑**

由遺囑人指定三人以上之見證人，由遺囑人口述遺囑意旨，使見證人中之一人筆記、宣讀、講解，經遺囑人認可後，記明年、月、日及代筆人之姓名，由見證人全體及遺囑人同行簽名，遺囑人不能簽名者，應按指印代之。

．**口授遺囑**

遺囑人因生命危急或其他特殊情形，不能依其他方式為遺囑者，得依左列方式之一為口授遺囑：

一、由遺囑人指定二人以上之見證人，並口授遺囑意旨，由見證人中之一人，將該遺囑意旨，據實作成筆記，並記明年、月、日，與其他見證人同行簽名。

二、由遺囑人指定二人以上之見證人，並口述遺囑意旨、遺囑人姓名及年、月、日，由見證人全體口述遺囑之為真正及見證人姓名，全部予以錄音，將錄音帶當場密封，並記明年、月、日，由見證人全體在封縫處同行簽名。

需注意的是，口授遺囑因為是處於較危急時所做的遺囑，在要件上也較為簡便，因此自遺囑人能依其他方式為遺囑之時起，經過三個月而失其效力。

立哪種遺囑比較有利？

這是大家最常問律師的問題，就上面幾種遺囑做成方式，**我認為在預算可及時，「公證遺囑」會比「代筆遺囑」更好，「代筆遺囑」又比「自書遺囑」或「口授遺囑」爭議性更低。**

雖然自書遺囑跟口授遺囑，只要形式要件符合，證據保全方法（例如：錄音錄影）做好，效力並無差異，但是因為公證遺囑與代筆遺囑的見證人數較多（幾個證人同時說謊的機會比較少吧？），日後繼承人爭執的機會跟風險就更低了。

哪些人不能當遺囑見證人？

法律規定不能當遺囑見證人者如下：

- 未成年人。
- 受監護或輔助宣告之人。
- 繼承人及其配偶或其直系血親（子女或祖父母）。
- 受遺贈人及其配偶或其直系血親。
- 為公證人或代行公證職務人之同居人助理人或受僱人。

可別千萬找有利害關係的繼承人或受遺贈人當證人，否則遺囑效力就喪失了。

立定遺囑時須注意法律規定才能確保效力，且有利害關係的繼承人或受遺贈人都不能擔任證人。

一律師・有話說一

掀起波瀾的一張紙：從長榮集團前總裁的繼承爭議，看遺囑的幾件事

引發社會各界討論的那封遺囑

二〇一六年，長榮集團前總裁張〇發先生的手寫遺囑，指定將所有財產與董座留給二房之子張〇煒，最後以張〇煒離開集團作結。這份遺囑也引發社會各界廣泛的討論，一些質疑包括：

- 為何一大國際企業集團之總裁，其鉅額遺產的分配，竟建立在對於子女間和睦相處的願望上？
- 在個人財產分配上，明確反於特留分的規定，未留給大房子女任何比例，造成了大房子女的不平可想而知。但相較於經營權的紛爭，特留分爭議還算是比較次要的了。

・張○發先生的遺囑用字「『財務』……由張○煒單獨繼承」，而非「財產」，顯然是對企業經營權接班人有所指定，但張○發先生的法律顧問應當提醒他，這本非遺囑能處理之事。面對大房子女在集團持股比例上明顯多於二房子女之現實，仍指定二房子女，如何期待大房子女尊崇這份遺囑？

不少人揣測，他完全不談大房子女，顯然是把情緒凌駕在理性的評估之上。另外一方面，這種「強人式的遺囑」，像是生前習慣了唯我獨尊，一言既出，孰敢不遵？也認為後代子女與部屬不敢不依其遺囑辦事，但是無論張○發先生在航運和海運版圖如何看透並擘劃最佳接班人，時代真的不一樣了，期待子女依照其遺願分配公司之經營權恐怕是緣木求魚，公司的經營權，有公司法的遊戲規則。

我們也許都不像張○發先生有這麼多財產，足以造成子孫間的波濤洶湧，但是與其立了一張可能造成子女對簿公堂的遺囑，那還不如不立，一切依照法律規定的應繼分就好。由此看來，家庭的幸福不僅人生在世要營造，如果身後事沒及早安排好，也可能會令一世努力毀於身後，令手足之情分崩離析。

人都有私心，想把財富留給對自己好的人

我曾經有客戶明明正值壯年，在傳統觀念下不會跟「立遺囑」產生聯想。但他努力了半生，掙了點財富，屯好了養老金，也作足了保險規劃，還是希望若自己跟另一半共同發生什麼不幸，身後的財產能照自己的意志妥當分配。我非常能理解他的想法，也幫他擬定了設想周全的遺囑。

人總是有私心，想把用不到的財產留給某些待自己好一點的人，可能是老伴，可能是最孝順的孩子，但若能希望繼承人能夠接受自己分配的方式並和睦相處，就必須注意形式的合法性（請參閱 p.317 台灣遺囑的法定作成方式），以及如何避免爭議。

降低遺囑爭議性的實務建議

1 再多怨恨，也要保留法定特留分的比例

人都有私心，撒手人寰之前，也許還有對哪位繼承人（可能是配偶、子女或兄弟）無法化解的不滿，但是如果在遺囑中給不到特留分或連特留分都不給，那恐怕連有分配到的

繼承人也高興不起來，因為特留分遭受侵害的繼承人本來依法就可以行使扣減權，回復相當於特留分比例的遺產。這種狀況下，一場訴訟在所難免，難過的是，往往是手足之間，或是父母一方與其他子女彼此興訟。

2 除了遺產分配外，莫作過多非遺產事項的指定

繼承本不包括公司經營權或職位方面的指定，如此指定也可能造成未被指定一方的不滿，張〇發先生的遺囑不幸就是個適例。

3 事先就不同種類遺產的價值做好估算

翔實估算價值後再據此指定比例，別在天上還要看著繼承人間為了鑑價又起紛爭。

4 特留分之指定務必清楚

最簡單的就是直接書明比例，勿以特定項財產做為特留分之分配（比如說將一棟房產，按特留分比例分給三個子女），一旦繼承人對價值有歧見，那免不了也生鑑價的爭議。

5 遺囑執行人之指定

最好確認遺囑執行人有意願，也可在遺囑中載明其報酬給予方式，就可能避免遺囑執行人與繼承人意見不合，又需要法院酌定報酬，或甚至遺囑執行人本身不願意執行職務的僵局。

6 遺囑執行人不只一人時，需要以過半數決之，因此最好是指定奇數人選

像張〇發先生的遺囑執行人指定了四位，那萬一爭議事項表決結果二比二，就僵持不下，都沒有過半數，如何執行遺囑？

從以上分析可以知道，想要避免身後親人失和，遺囑的法定形式要件跟實體妥當性同等重要。被繼承人立遺囑的心願，念茲在茲的就是希望自己離開人世後，「後人全聽我的，都不要吵」（但要是真的吵起來，自己怎麼管？）。但是如果因為形式要件或實體妥當性任何一項的缺乏，反而可能造成子女、配偶、手足之間對簿公堂，這絕非立遺囑人的初心。請把妥善立定的遺囑，當作是維繫家庭的最後一點溫柔。

一尾聲一

家事事件，怎麼樣才叫贏？

某日，調解庭上——

「委員，我們當事人沒有辦法接受這個方案，哪有人拋棄兩個孩子，一走了之，六年都沒付扶養費，卻可以來請求離婚？這樣拍拍屁股走人，那婚姻算什麼？所以，我們本來都是堅持不離婚的。委員剛剛要我們計算關於子女的扶養費，我們都算過了，過去她積欠了六年的扶養費，我們兩個小孩，一人一個月一萬，都跟她追討，總共一百四十四萬元，一毛都不能減。」

男方律師瞠目說著。

女方跟她的律師似乎被男方律師的氣勢所震懾，女方不發一語，女方的律師語氣則有些微弱：「其實前面四年，我們也是有繼續付當時的房貸，那棟房子也是男方跟孩子共同居住的，所以對方說我們都沒有支付家庭費用，對女方也是有一點不公平啦。」

調解委員：「好，兩造都完整表達你們的意見了。我啊，是這樣認為啦，家事案件中，大家也許表面上都會提出一些訴求或是攻防的方法，但不可否認，有很多部分像是『假議題』。」

雙方當事人跟律師都蹙眉，不是很瞭解調解委員的話中有話。

「其實，女方提這個離婚訴訟，當然男方可以在訴訟中主張對方所提的離婚事由不成立，也可以迴避去談女方所爭取的親權或會面交往的權利。但是，我想問一下，已經分居這麼多年，縱如男方大律師所言，你們去訴訟上抵抗，抵抗成功，女方請求離婚被法院否決了，那男方心中的不平與怨懟就會結束嗎？生活就會有所改善嗎？」調解委員繼續說。

男方臉上的肌肉突然有點抽動。

而男方律師則是微微搖頭，貌似不太贊同調解委員的說法。

「女方請求離婚不成，那她就會回來跟你一起生活嗎？就會回來當孩子的媽了？會乖乖支付剛剛她所答應的每個月給你兩萬元子女的扶養費用嗎？贏了訴訟，但你的生活改善了嗎？更不用說對方也可能繼續上訴，那你現在懸而不定的婚姻關係跟扶養費問題，又可以被拖延個半年一年。」調解委員轉向男方說。

男方仍然不發一語，但一直斜眼瞄向他眉頭深鎖的律師。

調解委員似乎想趁勝追擊：「我知道婚姻的無以為繼，常常都很難說是完全可歸責於單方。那如果像我剛剛勸女方接受的方案，雙方同意離婚，孩子的監護權確定都歸男方，女方只行使會面交往權，每個月支付二萬元給男方，那男方不是就可以馬上得到這麼多年來，她不願意支付的生活扶養費？這樣你的生活是不是就有立即的改善了？至於過去男方單方面幫孩子墊付的生活扶養費用，他們剛剛所計算的一百四十四萬元能否接受？」

女方似乎對於六年前離家的原因自知理虧，一直都不敢開口。女方律師則答稱：「我們覺得前面四年至少女方有支付每個月一萬元的生活費。」

調解委員說：「那我建議雙方是不是前面四年就不要爭執了？因為很多法院也都認為這是夫妻雙方對於生活費用分工負擔的一種默示合意，再去爭執，恐怕還有無窮無盡的單據抵銷攻防戰。」

男方律師馬上說：「不行，這樣我們不能接受，如果都沒有對女方要回這些扶養費，我們無法跟孩子交代，我們要怎麼跟孩子說父親就這樣拱手把家庭毀棄了，又還沒有讓母親盡她的責任？」

調解委員：「不然，你們是否能先調解離婚跟親權，還有往後的扶養費用分擔？剛剛女方也同意能付每個月兩萬元的扶養費？對吧？」

女方點頭。「那如果要爭執之前的墊付的扶養費用，是否男方就程序中提出一個反請求，這部分讓法院來判斷就好，女方該回補多少給男方？」

男方律師再次嚴肅表示：「不行，這些我們一定要綁在一起談，我們本來就是可以堅持不離婚。」

「好吧，我已經盡力了，當然訴訟下去是你們的權利，我無法強求各位，這案件我們就移回法官去審理吧！今天就調解不成立囉！」調解委員最後說。

家事事件中，「贏」的定義是什麼？

接辦家事案件，最常被問到的問題排行榜前三名就是：

「律師，這件案件有多少勝訴把握？」

「我贏的機率有多少？」

「我付這些律師費，應該能夠贏吧？」

我對這類問題的回答往往是：「我無法準確評估勝率多少，律師不是靈媒或法師，我沒有辦法掐指算出將來訴訟勝敗，如果有包贏的律師，你敢請嗎？如果律師包贏最後卻輸，律師難道會賠償你嗎？訴訟的勝敗取決於對於證據的蒐集與靈活運用，有時候甚至取決於是否碰到價值觀對盤的法官。但你委託我，我會盡最大努力幫你爭取到更高的勝訴機會。」在聽完這段回答後，大部分當事人恐怕覺得不太舒坦，他們希望能聽到律師打包票，這樣花錢才能買到安心。

但是，在家事事件中，一個案件的勝訴究竟意味著什麼？

一般民事財產權訴訟的勝訴概念，應該是表示該方當事人的訴求被法院予以最大化的支持。但是家事事件是如此嗎？在請求離婚或是親權爭奪事件中，把對方攻擊得體無完膚，離婚判贏了，但是友善父母也別想做了，未來在子女交付跟會面探視方面，都有可能遭到現實上的怨懟、杯葛與不配合。輸得最慘的是孩子，孩子在夫妻彼此的敵意中，絕對不會有一個安心的成長過程，孩子一輸，父母雙方都輸。

再者，如上案例所說的，抵抗訴請離婚的一方贏了，但是早就分居多年的對方會回來嗎？子女的扶養費有著落嗎？雖然終局的正義，像是積欠的扶養費等等可以繼續努力，但是曠日廢時，對當下的生活沒有辦法立即改善。

因此，我常常會在家事事件調解或訴訟陪伴當事人的過程中，如此跟他們說：

「我覺得家事事件中，不要去想怎麼把對方痛擊到角落，然後去期待對方在生活態度上，或是在上訴抗告程序中不會狠狠反擊。那四射的煙硝只會傷及無辜——也就是你們的孩子。

只要程序中，不管是調解或是裁判，我們能獲得比你現在的生活或處境有所改善的狀態，雖不滿意，但能接受，也許是七〇％、八〇％，但對方也一樣能夠心悅誠服或至少勉強去履行，那就是家事事件中『贏』的定義了。」

附錄一

如何選擇你的家事律師

從我曾經諮詢過的家事事件當事人中，有很多曾經委任過律師，其中不少人曾描述其他的律師處理及與當事人合作的方式不甚愉快。從這些當事人的口中，可知道律師市場的資訊其實不是很透明，除了上網自己爬找資訊外，就只能靠著口耳相傳推薦，最後也可能陷入選擇困難*。而即便有人推薦，許多當事人仍然對於該不該請律師、該如何選擇適合自己的律師，以及將來如何與律師合作，有許多的疑惑。

接下來，我想談談關於家事事件的當事人是否該找律師、如何找律師，從我當律師也擔任調解委員的經驗，提供一些主觀的意見。

Q：調解該不該請律師？

A：如果你是聲請人（原告），但不知道怎麼將事實跟證據與法律結合起來，當然應該考慮找一個法律專家（比較可能是律師），為你撰寫書狀，整理法律主張與證據。而既然請律師寫了聲請狀或是起訴狀，當然這位律師對於你的案件細節會相當清楚，那麼請他陪同一起到庭，應該是天經地義的理性選擇。

不過，如果你認為你的相對人不太希望你有律師到場，或你請律師可能刺激對方，而且你對自己初次到場調解有辦法順利和解有信心，那就可以考慮不要律師陪同。

但，我想這種機會應該滿低的吧？因為就是在法院外沒辦法達成和解，才無可奈何向法院聲請調解或是起訴的，不是嗎？

＊註：我要先對我的同道說：我不會對當事人對前一位律師的負面描述全盤接收，我知道那常只是因為希望現在面前的這位律師願意接手他的案子，而律師跟當事人之間的溝通不良，也有很多彼此交雜的因素。如果一個當事人對以往的律師始終不滿意，反而是律師該想想自己適不適合接這個案子。

Q：律師調解到場有什麼功用？

A：促成調解是律師其中一個功用。

每位律師有自己的技巧或人格特質去促成調解，無論從法律程序的成本、實體勝負風險的分析，或是感性的動之以情，甚至帶著點江湖味的「搏感情」等。

Q：律師來調解庭，是負責「扮黑臉」的嗎？

A：過去可能少數法官或調解委員誤以為律師在家事事件一開口就要「搞破壞」，因此一概只請當事人自己陳述，不太准許律師發言。但其實大部分律師都知道，早點結束當事人程序上的痛苦，也是結束自己頻頻寫書狀、塞車趕法院，還有無奈等待有時拖庭的痛苦，而和解也是辦家事案件時頗有成就感的片刻。收費上，也可以盡量在調解階段就收足費用，因為調解成立跟得到確定判決一樣是解決紛爭，而前者更是省了當事人許多情緒成本。

我曾聽過某個負責調解的法官說，他好希望每件案件都有律師，為什麼？因為他很會「運用」或「驅使」（笑）律師做一些開導當事人的工作，透過律師轉述，有緩衝跟說服的作用，讓當事人知所進退，這樣調解成功率自然會高。

如果調解委員見律師是有心協助調解，那麼理當會給律師一點「表演空間」。但是不可諱言，有另一種律師，一開口就常常造成對方惱火，有時故意、有時不自知，遇到這種「和解 Killer」，就容易會讓調解委員傾向讓律師作壁上觀，或先把律師要講的話打住。

所以，如果請了律師，請記得在開調解庭前先跟律師溝通一下，也許雙方的劇本有所落差，一個很想和解，另一個卻一直踩在對方的痛腳上，弄得和解氣氛全失，那麼期待調解成立也將事與願違了。

Q：調解時律師能提供的具體協助有哪些？

A：律師的協助主要可以分成兩個方面：

1 **陳述態度：部分內容由律師代理發言**

坐在桌子兩端，有些話就是不適合由自己提出，不僅給法院觀感不佳，還可能引起對方反感，這時候就適合請律師代為陳述。

舉例來說，假設明明很在意對方對扶養費一直不提出，但不知道這樣是否會影響自己對於會面交往方案的主張；又或對於剩餘財產分配，不想讓對方感覺自己「早已做好充足準備和計算」，這些狀況改由律師代言，比較能卸下情緒，進行理性討論。尤其是提出金錢方案的部分，法院或調解委員通常都會讓律師協助陳述。

2 **法律專業：擬定調解方案**

如果擔心自己對於調解成立方案涉及的法律規定並不清楚，或是調解成立內容的文字用語，可能對自己保護不足或不夠明確導致日後紛爭再起，律師也能現場協助。

Q：如果我是被告／相對人，可不可以調解不成再請律師？

A：當然可以，這也是很多當事人的決定，但通常是兩種極端狀況：

一是認為自己的要求很簡單，如果對方同意，那就當場調成，根本不需要麻煩律師（但這不是庭外就和解了？還需要到法院嗎？）。

二是認為，調解成立的機會極低，就算找律師去了，自己跟對方的方案就是兩條平行線，基本上很難成立調解，因此就是選擇自己去應付必經的程序，接下來就準備打訴訟，到後面訴訟的階段再請律師。

不過，我認為二的情況有時候很難說，被告／相對人自己事先最好釐清法律上站得住腳的機會有多大，到底有沒有任何「損失一點也可接受」的退讓空間。否則訴訟真的是一個曠日費時、傷神又傷荷包的過程，有未成年子女的人，也可能因為長久訴訟過程而影響了親子關係。如果有調解成立的可能性，就要把握機會，免得夜長夢多，為了一時的費用節省，結果繞了更大一圈才得到差不多的結果。

如何選擇適合自己的家事律師

你對律師的期待是什麼？因為自己不會說話，所以找一個能為你出頭吵架的人？那麼律師如果體格好，附加價值還可大一點（這是玩笑話）。話說回來，多數人著重的應該是律師的法律專業，更現實的是：「法官交代的作業交不出來。」

法官要求你以書狀答辯、用書狀表明訴訟標的、提出爭點整理，或是調查證據的聲請，這些對你來說都太過專業，不會寫或怕寫錯，而偏偏法官又不接受當庭用講的，所以需要律師的書狀代撰功能。

有些人選擇律師，是因為諮詢時發現律師講話打中心坎，不僅切中要害地點出自己關係中的癥結，也能設身處地聆聽自己心理上的難處，某程度來說，這樣的律師還兼心理諮商的功能。

委任前需要知道的六件事

在確認是否委任某位律師之前，有六個方面，建議先與律師好好詢問和溝通。

1 在這個法律事件中，我所處的座標在哪裡？

- 程序上是否急迫？還有幾天開庭，開過幾次庭，法官給多少時間答辯？是否快要結案，或是程序還早？
- 實體上有何輕重及優劣何在？客觀看法律規定，對我是有利還是不利？法官的公函或是當庭曉諭的話，對我是有利還是不利？

2 想達到的程序目標是什麼？

我的人生優先次序是什麼？家事案件中，可能會遇到的如：從婚姻解脫、未成年子女的親權與照顧、探視方案、扶養費分攤、夫妻剩餘財產的分配，這些項目在我心中的優先順序如何？

3 律師認為我排定的優先順序是否容易達成？律師建議如何處理？有無妥協談判的方案？

4 律師建議我接下來在訴訟及生活中採取什麼樣的行動？行動或不行動有何利弊得失？

5 我能不能理解或接受律師的建議與行動？

6 律師委任的條件為何？收費與協助處理的範圍為何？

單是問完以上這些問題，其實就需要和律師談上一個多鐘頭，而如果沒有親自跟律師商談過這些問題，委任後才在出庭時發現雙方的想法或目標不一致，律師代我說出口的方案跟自己的意思不是那麼符合，就可能出現彼此間信任的裂痕。

需不需要與律師進行委任前的付費諮詢

如果你認同也能瞭解為何需要向律師確認上述的問題，那麼委任前，至少花一個小時好好諮詢律師應當是勢在必行。千萬不要委由家人或是朋友代替自己向律師諮詢，即便家人或朋友願意代付律師費（別懷疑，天底下常常有這麼好康的事）也是如此，因為處理的是你切身的權利義務，別以為親友能把你的意願完整地反應給律師知道。

坊間確實有律師提供免費的諮詢服務，但猜得出來，律師希望的是你能將案件交給他辦理（律師也要生活啊！）。律師當然會擔心他把案件重點跟法律、證據的運用跟操作都免費告訴你，你卻不委任他，說了再見後就自己處理或找其他律師照他的建議去辦。所以，請用人情常理去判斷看看，免費諮詢真的能得到全然無保留的建議嗎？而有些免費諮詢也是有時間限制，如半小時或四十分鐘，這樣真的能談到重點嗎？

講到錢或許比較俗氣，但律師賣的就是時間，向當事人收費諮詢，除了出售自己的專業知識以及時間成本，相對地，也在篩選願意用新台幣尊重自己專業的當事人。對律師來說，最好的客戶就是談價阿莎力、付款阿莎力，對於專業建議願意尊重且配合，並能真正信任律師的當事人。

因此，我認為付費諮詢比較能得到律師毫無保留的分析建議，也能有充足的時間詢問討論，而且，大部分狀況都能跟律師談好，短期內委任的話諮詢費用可以抵充做為將來委任費用的一部分。

是否可以要求律師親自出庭

以下這些狀況下，律師是無法保證能夠全程出庭的：

・**碰到衝庭**（律師有兩個不同案件，庭期訂在同一個時段）。

・**律師有另外行程無法出庭**，例如：出國、休假、健康檢查、演講、授課等。

在這些狀況，如果希望律師本人出庭，只能向法院申請改期，但偏偏有些法官不准改期。不准改期的原因很難一概而論，有可能法官看到委任好幾位律師（同所或受雇律師），認為其中一人來就可以；或是法官案件很多，不能再改期；或是法官認為不是正當事由等等。

律師本人無法出庭時，就只能委由其他律師代庭，或由律師的受雇律師前往開庭。

當然還是可以詢問律師是否能親自出庭。至於律師是否保證自己出庭，或是講明因為業務較忙，可能會由其他律師出庭，而這方面是否又影響委任意願或是在委任價格上有所調整，就看委任雙方能接受的程度了。

該怎麼瞭解律師擅長的領域

律師執業越久，理論上會越往專業的方向走。假如有人向你推薦律師，或是你從網路上看到一些廣告或推薦，該怎麼確認律師實際上擅長哪方面的案件？

首先，可以查詢律師事務所網站，看看律師的學經歷是否在相關的領域有所耕耘。很多律師都會處理家事案件，但大部分律師同時也辦理民事、刑事等領域的案件，不一定會標榜自己是專門辦理家事方面的律師。

所以，建議大家可以去像「評律網」之類的網站，查詢律師辦理案件類型的比例，或是利用判決全文查詢的網站（司法院、Lawsnote、法源等），以該位律師姓名加上案由的關鍵字，查詢是否有辦理相關類型案件的經驗。另外，法務部也有律師查詢的網頁，其上會列載律師的基本資料、證照年度，旁邊還有律師遭受懲戒的紀錄，這或許也可以作為反面篩選排除的方法。

評律網：www.pingluweb.com.tw　法源：www.lawbank.com.tw
司法院：www.judicial.gov.tw　法務部律師查詢：lawyerbc.moj.gov.tw
Lawsnote：lawsnote.com

給當事人的重要提醒

・別把律師當成生活指導的教練

我常跟我的當事人說，律師再怎麼能幹或熱心，都不應該成為當事人跟對造關係一舉一動的教練。

關於比較重大的法律行動與決定，可以盡量在跟律師諮詢時瞭解應該朝什麼方向或秉持什麼態度處理，而不應該是每句話、每個動作都詢問律師，我該怎麼做？因為如果案件有朝一日決定了，律師並不能代替你或跟著你去過你的生活，你要學習從律師這邊得到法律的建議之後，自行就未來與對造的一切互動做出合法且適切的處理。

我曾看過律師非常熱心，不僅下班後晚間，甚至假日都對當事人的回應隨時回覆，甚至隨傳隨到，當事人也確實會非常滿意這位律師的當下的付出。但是，我仍然認為律師要注意自己專業領域與當事人私領域交流之間的分際，律師應該是提供法律專業意見的建議者，而非自己也捲入事件中，甚至還在事件中占有「一席之地」。

而且，如此做也可能讓當事人過度依賴律師的每個建議，自我處理的能力隨之退化，未來等案件結束，律師、法官、調解委員都退出生活以後，你該怎麼獨自處理這些？而律師的私生活時間，若被捲入當事人的生活之中，對於家事律師來說，長久下來不僅涉入紛爭，更會加速職業倦怠發生。

．接受真誠但未必中聽的意見

委任律師的你，想要的就是律師從法律上提供良心建議與建言，並給予正確的利害風險分析。但許多人不知不覺地開始自欺欺人，只聽見自己想聽見的東西，汲取律師說明當中對自己有利的部分，就無限放大解釋，而忽略了可能幽微卻重要的風險告知。這是許多當事人的盲點，而局內之人難以透析全局。

這時，一個好律師能在你誤判情勢之前拉你一把，點醒你不要一廂情願地堅持自己的主張。如果在律師誠實告知這些苦口良藥之後，就不再信任律師，這將是本末倒置的事。

常見的律師相處問題 Q&A

Q：平時怎麼與律師聯繫？

A：曾有當事人告訴我，委任了律師之後，律師就很難聯絡。律師平時需開庭或開會，並不是隨時可以接聽電話，這我想大家應該都可以理解。但是電子郵件、手機留訊息、留話給事務所的律師團隊（如助理或受雇律師），律師基本上應該會找空檔回覆。

如果你已經嘗試了以上所有方法，律師卻長時間沒有任何回音，我認為是律師事務所方面的責任。請正式向律師事務所表達你的焦慮與不滿，也讓律師好好改善他們聯繫的管道與即時性。

但也請注意，過度頻繁的聯絡律師，也會製造一些律師跟事務所同仁的困擾，畢竟律師也是有其他的案子要處理，否則無法永續經營。所以最好是適度、適時的聯繫即可，對自己的案子無須過度恐慌，有時候律師面對太焦慮的當事人也會影響自己原本處理好案子的信心。

Q：律師為什麼沒有讓我看書狀和訴訟文書？

A：有些當事人告訴我，之前的律師沒有給他們看過任何對方的書狀或是己方要出的書狀，這我其實難以理解。因為如果不是告訴我的當事人誇大其辭，那麼收到對方寄來的書狀，關於事實經歷的部分，律師其實並不能自行決定要如何答辯，肯認或否認，通常應該是要讓當事人過目後，再協助當事人以書狀表達意見。律師如果連對造寄來的書狀都沒有讓當事人過目，我認為是不妥當的。

至於己方的書狀，要出之前，照理來說也應該是讓當事人確認過才出，對律師來說，這也是對於當事人勝敗風險告知的一環，否則若當事人事後認為律師書狀的主張不妥，對律師究責，也徒留遺憾。

當然，有些當事人很信任律師，律師所出的書狀只看過一份，之後就通通信賴律師，讓律師自己去出書狀，這也還說得過去。

但與自己生命財產有重大利害關係的法律書狀，如果在法院准許的具狀時限內，向律師多要一點閱覽的時間，也是對自己負責，免得日後，才轉而怪罪律師沒有幫自己好好把關。但千萬不要到要出狀期限前夕，才向律師表示要大修特修，那真的不能怪律師生氣。

至於法院開庭的筆錄，有些律師跟當事人一同開庭，或是寫了詳細的開庭報告，其實不一定需要提供當事人每次開庭的筆錄。但是，如果當事人需要律師提供開庭筆錄，那麼律師基於閱卷的權限，就應該提供給當事人，並協助當事人就開庭狀況正確判讀。

Q：開庭前需要和律師確認開庭時間和地點嗎？

A：律師執業最大的風險之一就是錯過庭期，或是因為交通因素在應到庭期時間遲到，或是記錯開庭時間地點，百密總有一疏，這些狀況偶有聽聞。因此，在開庭前一、二日或當日稍早，最好跟律師再確認一次開庭的時間地點，並約好提早碰面的時間。一方面保障自己不會錯過庭期，二方面也是跟律師再次確認。

Q：可不可以跟律師加 LINE？

A：因為律師工作多靠著口耳相傳推薦，大家也都習於以 LINE 溝通，但事實上，這個世代的律師加客戶 LINE，的確是比起過去增加了不少工作。LINE 是互相聯繫的好方法，但也造成律師二十四小時都可能收到客戶詢問，造成工作與私人生活無法分離的狀況。

在我知道的律師中，有些非常樂意跟當事人加 LINE，但也有些律師，特別是辦家事的律師則不一定會讓當事人加個人的 LINE。

對此，有些律師有折衷作法，就是辦一支公務用的手機，以這支手機跟當事人加 LINE，便於傳送圖片、影音檔案，以及庭期通知等資訊。這部分就需要當事人自己與律師詢問了，也請大家尊重律師的安排。畢竟路要走得長久，還是必須在工作跟私人生活間做出洽當的區隔與平衡。

—謝辭—

把這些自己有感的故事轉換成文字，過去幾年能得到關注與共鳴是一件很幸運的事。衷心感謝各位讀者、許多先進、法律人、教育工作者、諮商工作者等各方面的專家，曾對拙著給予的指教與推薦。

非常感謝我的家人們，在我加班晚歸或假日還在敲打鍵盤的時候，在我背後維繫了生活的運轉，支持我這麼幾年來能把書完成，特別是我的太太，謝謝她對我寫這本書的回饋與啟發，本書的書名也要歸功於她的發想。

這次增訂新版的發行，感謝悅知文化全體及葉怡慧總編的大力支持，更謝謝企劃編輯許芳菁小姐提供許多很好的想法，積極、細心地處理編輯工作，讓這版本的樣貌更加嶄新與清晰。

希望你們喜歡這本書。

家事法官沒告訴你的事【全新增訂版】

作　　者｜楊晴翔 Janssen Yang
發 行 人｜林隆奮 Frank Lin
社　　長｜蘇國林 Green Su

出版團隊
總 編 輯｜葉怡慧 Carol Yeh
主　　編｜鄭世佳 Josephine Cheng
企劃編輯｜許芳菁 Carolyn Hsu
責任行銷｜朱韻淑 Vina Ju
裝幀設計｜江孟達工作室
版面構成｜張語辰 Chang Chen

行銷統籌
業務處長｜吳宗庭 Tim Wu
業務主任｜蘇倍生 Benson Su
業務專員｜鍾依娟 Irina Chung
業務秘書｜陳曉琪 Angel Chen、莊皓雯 Gia Chuang

發行公司｜悅知文化　精誠資訊股份有限公司
　　　　　105台北市松山區復興北路99號12樓
訂購專線｜(02) 2719-8811
訂購傳真｜(02) 2719-7980
專屬網址｜http://www.delightpress.com.tw
悅知客服｜cs@delightpress.com.tw
ISBN：978-986-510-227-2
建議售價｜新台幣380元
三版一刷｜2022年7月

國家圖書館出版品預行編目資料

家事法官沒告訴你的事/楊晴翔著. -- 三版. -- 臺北市：精誠資訊股份有限公司, 2022.07
　面；　公分
ISBN 978-986-510-227-2(平裝)

1.CST: 親屬法 2.CST: 論述分析
584.4　　111008889

建議分類｜心理勵志、社會科學